拥抱互联网之电子商务系列

日接100单

手把手教你开家火爆的微店

沈超◎著

人民邮电出版社
北京

图书在版编目（CIP）数据

日接100单 ：手把手教你开家火爆的微店 / 沈超著
. -- 北京 ：人民邮电出版社，2015.1(2015.5重印)
（拥抱互联网之电子商务系列）
ISBN 978-7-115-37910-8

Ⅰ. ①日… Ⅱ. ①沈… Ⅲ. ①电子商务－商业经营
Ⅳ. ①F713.36

中国版本图书馆CIP数据核字(2014)第291228号

内容提要

移动互联网这一波新浪潮正在袭来，电子商务的生态将发生巨大的变化。在移动互联网环境下，开一家微店成了比在淘宝网上开店更加快捷，门槛、成本、风险更低的选择，越来越多的人开始关注微店。

本书围绕微店运营和营销这一主题，详细介绍了目前主流的微店平台及其注册和设置方法、货品选择及上架、购物流程与订单管理、粉丝营销、微店售后服务、微店运营能力及营销效果量化评估等内容，并深入分析了七个关于微店运营和营销的成功案例。本书所提供的内容能够帮助读者在最短的时间内开一家自己的微店，并成为一名优秀的店主。

本书适合想要创业的大学生、白领、全职妈妈、自由职业者以及其他想要创建微店的读者阅读。

◆ 著 沈 超
责任编辑 庞卫军
执行编辑 陈 宏
责任印制 焦志炜

◆ 人民邮电出版社出版发行 北京市丰台区成寿寺路 11 号
邮编 100164 电子邮件 315@ptpress.com.cn
网址 http://www.ptpress.com.cn
大厂聚鑫印刷有限责任公司印刷

◆ 开本：700×1000 1/16
印张：13.5 2015 年 1 月第 1 版
字数：100 千字 2015 年 5 月河北第 3 次印刷

定价：39.00 元

读者服务热线：(010)81055656 印装质量热线：(010)81055316
反盗版热线：(010)81055315
广告经营许可证：京崇工商广字第 0021 号

前　言

20年前，国美和苏宁紧紧抓住“商店时代”即将到来的机会，取得了辉煌的成就；10年前，淘宝网和京东抓住了“电商时代”即将到来的机会，奠定了它们今天的行业地位；如今，微店的出现必将改变电子商务的市场格局，拉开“移动电商时代”的大幕。

如果你在20年前错过了“商店时代”，在10年前又错过了“电商时代”，那么在今天就不应该再错过“移动电商时代”，不应该再错过微店，因为你很有可能借此机会成为引领移动互联网新经济时代的先驱。

目前，微店的发展已经进入快车道，各种微店平台也日趋完善。作为一种新兴的电子商务平台，微店最大的特点是零成本、零库存、无物流、无客服，非常适合作为大学生、全职主妇、自由职业者等缺乏启动资金的人群的创业平台。另外，对都市白领来说，利用业余时间开一家微店，也是上班、兼职两不误的最佳选择之一。

随着技术和市场的不断发展，各大微店平台也陆续为广大创业者推出了各种优惠政策。因此，微店不仅深受广大草根创业者的喜爱，也吸引了大量供应商加入其中。微店最巧妙之处在于，它能够借助微信、微博等社交平台，借力于“粉丝营销”，轻而易举便可实现产品与顾客、店主与买家的“零距离”互动，其营销效果要比传统的网店好很多。当然，这种营销模式也在考验着店主获取粉丝和经营粉丝的能力。

开微店的门槛很低，非常适合草根创业者。只要你下载一个微店APP，安装完成之后进行简单的注册，就可以拥有一家属于自己的微店。如果你拥有货源，就可以直接上架商品，然后通过微信、QQ、微博等社交平台对你的店铺和商品进行推广。假如你没有货源，也可以去做别的店主的分销商，通过推广他人店铺中的商品获得佣金收入，一样可以轻松赚钱。

面对微店的火爆，有的人驻足观望，有的人犹豫不决，而有的人已经在第一时间加入了创业者的行列，并成功挖到了第一桶金。其实，许多观望的人并不是不想投身其中，而是因为他们不了解微店，所以不敢贸然尝试。

我们写作本书的目的，就是希望为众多想要开微店却对之缺乏了解的人们提供一部简单易懂的操作手册和入门指南。本书内容共分为十章，详细介绍了如何开一家微店、如何运营好微店、如何开展社会化营销并成功培育一批忠诚的粉丝、如何做好售后服务，以及如何对微店的营销效果和运营能力进行量化评估。此外，书中还提供了七个完整的微店运营和营销的成功案例，并进行了深入剖析，将这些微店的成功秘诀一一展示出来，供读者借鉴、学习。

如果你想创业，就试着开一家微店吧！借助本书的帮助，你可以在最短的时间内变身为微店“达人”，实现零成本、高收益的创业梦想。我们衷心希望每一位微店店主都能在这一波移动互联网发展浪潮创造的时代机遇中，找到属于自己的成功之路。

在此要特别说明的是，本书是团队合作的成果，薛梅、王峻华、张明明、潘玉芳、王春梅、张佳通、林正琪、李金艳、陈彩月、张春梅、于建梅、刘星参与了搜集资料、制图、编写等工作，全书由沈超统撰定稿。

我们非常希望本书能给广大对微店感兴趣、想通过开微店实现创业梦想的读者带来帮助。由于写作水平有限，书中难免存在不足之处，欢迎读者提出意见、建议，或者与我们交流。

目　录

第一章　微店正逢时：选择最适合你的微店平台

如今，虽然有不少微店已经做得风生水起，但是大部分人对微店的相关情况并不是很了解，比如目前市场上有哪些平台提供开微店的服务、在这些平台上开店有哪些流程等。本章将为那些想要开微店却不知该选择哪个平台的朋友详细讲解一下相关内容，希望可以帮助大家作出最适合自己的选择。

第二章　微店平台注册及基本设置

了解了关于微店的基本概念、应用知识以及常用的微店APP之后，相信很多怀有创业梦想的朋友早已跃跃欲试了。本章将详细、系统地介绍开微店的具体流程和操作技巧，为各位店主朋友提供参考。

第三章　如何选择货品及上架商品

要想把自己的微店经营得风生水起，就一定要掌握一些微店经营的基础知识。微店虽小，但里面的经营学问却不小。尤其是对于第一次开微店的人来说，从货品的选择，到商品的展示、宣传和推广，每一个步骤都需要深入了解。

第四章　微店购物流程与订单管理

商品已经上架，效果图也已经准备妥当，下面你就可以静候顾客上门了。不过，在这之前，作为店主，你应该先在自己的微店中体验一下整个购物流程，这样在消费者咨询的时候才能给出让他们满意的答复。另外，开了微店，自然就会有订单产生，订单管理对店铺的经营来说也是十分重要的。

第五章 获取粉丝：找到每一个潜在客户

苹果手机有“果粉”、小米手机有“米粉”、哈爸微店有“哈粉”，无数类似的事实已经证明，互联网经济的本质可以说就是粉丝经济，即谁能拥有海量粉丝谁就有资本在互联网经济大潮中成为一方霸主。因此，赶快为你的小店吸引更多的粉丝吧，如果能把每一位潜在客户都变成你的粉丝，还怕你的微店没有客源吗？

第六章 粉丝互动：让喜欢你的人爱上你的产品

对于微店店主来说，拥有粉丝不是最终目的，最终目的是要把粉丝变成你的顾客，甚至是你的分销商。而要想达成这一目标，与粉丝的互动就必不可少。互动可以拉近你与粉丝之间的距离，让粉丝从信任你这个人转化为认可你的产品，最终成为你最忠实的顾客。

第七章　留住粉丝：培养属于你的“铁粉”

有了粉丝还不够，还要培养一批铁杆粉丝，也就是所谓的“铁粉”。无论是苹果、小米这样的大厂商，还是哈爸开的微店，都有一批忠心耿耿的“铁粉”。只要有新品推出，他们就会第一时间购买、使用、评价，他们的能量绝对不可小觑。他们还可以带动其他更多的粉丝关注你的店铺，关注你推出的商品。可以说，留住粉丝、培养“铁粉”是微店营销的重中之重。

第八章　售后服务：口碑才是王道，千万别做一锤子买卖

微店与实体店和网店一样，都要靠信誉来获得持续发展。信誉的取得不仅要依靠售前服务，售后服务也同样重要。做好售后服务，可以极大地提高客户的满意度和忠诚度，把新客户变成老客户，甚至帮助你获得更多的忠实客户。因此，每一位微店店主都应该特别重视售后服务，这样才能为店铺赢来好口碑和好销量。

第九章 精彩案例解析：像他们一样开一家成功的微店

他山之石，可以攻玉。前面介绍了很多关于微店的知识，本章将为大家介绍一些经营微店的成功案例，希望可以让广大微店店主找到自己的学习对象，并从中总结出一些开店经验，为己所用。

第十章 量化与评估：你的微店到底赚不赚钱

在运营微店的过程中，每天都会产生各种各样不同的数据，包括销售量、客流量以及成交金额等。这些看似毫无关联的数据，其实都是相互关联且遵循一定规律的。通过对这些数据的统计，不仅可以评估你的微店是否赚钱，更重要的是，你可以利用这些数据不断改善经营策略，让你的微店得到更好的发展。

第一章

微店正逢时：选择最适合你的微店平台

如今，虽然有不少微店已经做得风生水起，但是大部分人对微店的相关情况并不是很了解，比如目前市场上有哪些平台提供开微店的服务、在这些平台上开店有哪些流程等。本章将为那些想要开微店却不知该选择哪个平台的朋友详细讲解一下相关内容，希望可以帮助大家作出最适合自己的选择。

↗微店网：做全天下的生意

微店网由深圳市云商微店网络科技有限公司运营，它的正式上线标志着个人网商时代已经来临。作为全球第一个云推广电子商务平台，微店网可以说是云技术和传统电子商务相结合的创新产物。

在微店网上开一家属于自己的微店，既不需要像开其他网店那样投入资金，也不需要为寻找货源而烦恼，更不用自己处理物流和售后服务等问题。它是继阿里巴巴、淘宝网之后最新的电子商务模式，也是许多大学生和白领创业或兼职的首选平台。

微店网（见图 1-1）于 2013 年 8 月 28 日上线运营，仅仅一个月后，注册用户就突破了 100 万大关。到 2014 年 3 月初，这一数字已突破了 400 万。目前，微店网的用户已经超过 800 万。

图 1-1　微店网 Logo

微店网之所以受到如此推崇，主要有以下两个方面的原因。

（1）微店网的运营模式是云销售（见图 1-2），即供应商把产品发布到云端，众多微店店主扮演的是推广和销售的角色。

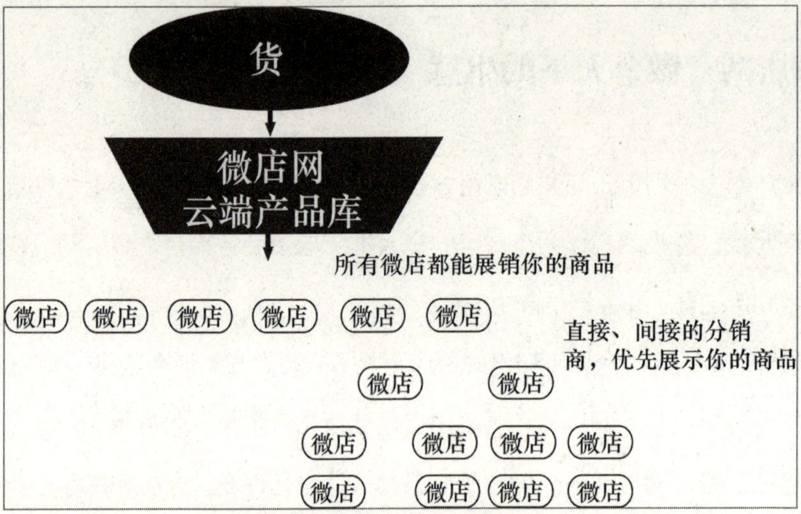

图 1-2　微店网的运营模式

（2）消费者在某个微店下单、付款后，发货和售后服务都由背后的供应商来提供，店主即可获得推广佣金，这也是传统网商与微店网商的不同之处（见图 1-3）。

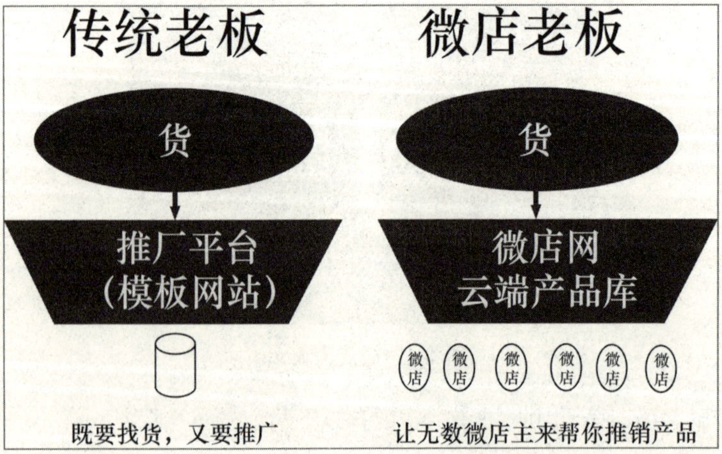

图 1-3　传统网商与微店网商对比

因此，在微店网上开一家微店，真正实现了零成本、零库存，也不需要客服以及处理物流、售后等问题。

微店网上的每件商品都标注了推广佣金（见图 1-4）。不同商品的佣金也会存在一定差异，不过，佣金有一个相对稳定的分配比例：商品交易所在的微店占 70%，微店介绍人占 30%。以图 1-4 所示商品为例，这件商品的推广佣金是 3 元，也就是说，这件商品卖出去之后，店主可以获得 2.1 元，该店铺的介绍人可以获得 0.9 元。

图 1-4　商品价格与佣金

下面，我们详细介绍一下在微店网上开微店的具体流程。

（1）使用百度搜索关键词“微店网”，打开如图 1-5 所示的页面，单击微店网官方网站链接。

图 1-5　使用百度搜索关键词“微店网”

（2）进入微店网主页（见图 1-6）后，可以看到红色框里的全部分类，包括衣、食、住、行、玩、赠品区、中国好产品、供应商进驻、免费开微店、云端产品库等，你可以根据需要进一步了解相关情况。

图 1-6 微店网主页

（3）如果你还没有注册微店网，可以直接单击微店网主页右上角的“免费注册”按钮，即可进入微店网注册页面（见图 1-7）。接下来，你需要为你的微店起个昵称，也就是店名，然后按要求填写“推荐人”“密码”“手机号”等相关信息，最后单击“注册”按钮。

（4）完成以上步骤后，微店就注册成功了。不过，此时你还没有任何分销商。如果想让自己的微店得到推广，可以单击页面左下方的“复制内容”按钮（见图 1-8），然后将推广信息分享到 QQ、微博、微信等平台。

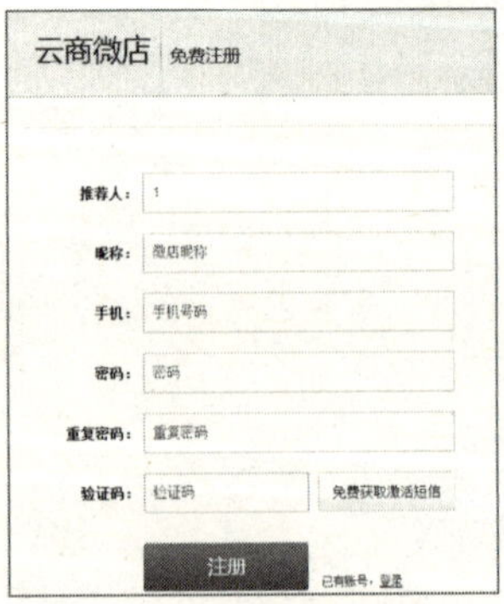

图 1-7 微店网注册页面

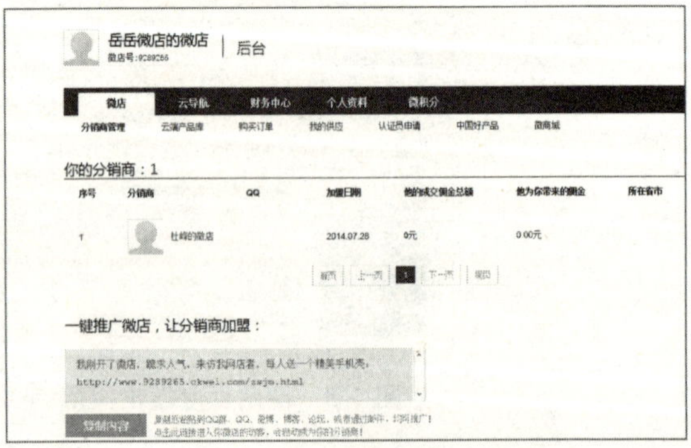

图 1-8 单击“复制内容”按钮

（5）店铺开好了，货源从哪里来呢？单击图 1-8 上方的“云端产品库”链接，就会进入如图 1-9 所示的页面，然后单击左下角的“去云端产品库上架”链接。

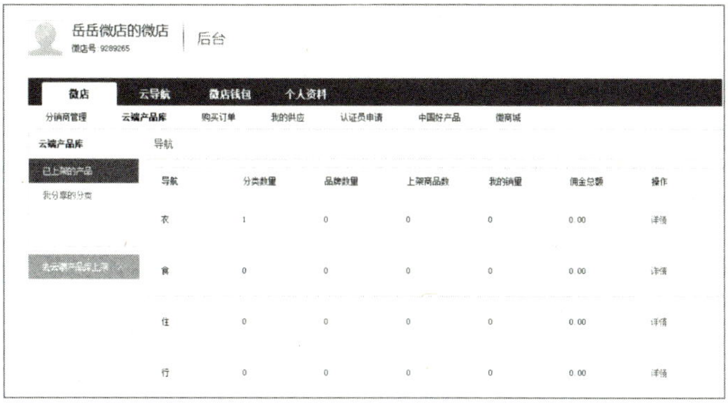

图 1-9 “云端产品库”页面

（6）进入如图 1-10 所示页面后，你可以根据自己的意愿选择经营的产品类型。如果是页面中已有你想经营的商品，直接单击商品上架即可；如果页面中没有你想经营的商品，可以利用搜索栏进行搜索。

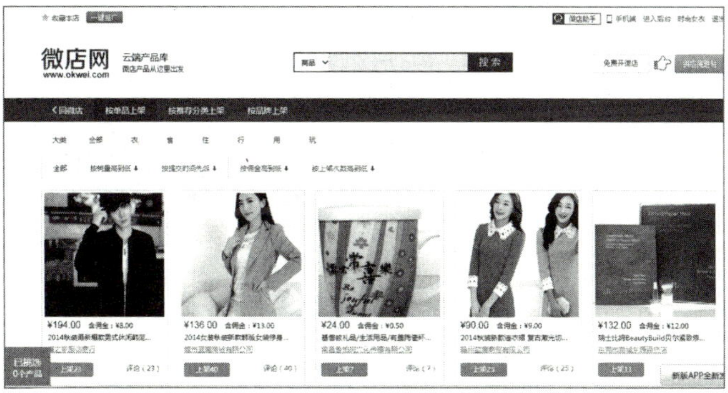

图 1-10 在“云端产品库”页面选择或搜索你想要经营的商品

解决了货源问题，你的微店就可以正式开张了。在微店网开一家属于自己的微店就是这么简单，而且无需缴纳任何费用。同时，货源、物流以及售后服务等一系列问题都不用自己操心，任何时间、任何地点你都可以轻松赚钱。

↗口袋购物：潮人的购物天堂

口袋购物是一款移动平台的推荐购物类应用软件，可以帮助用户一站式购买各大商城的商品。

如果你是淘宝店主，口袋购物对你来说会是一个不错的选择，口袋购物最大的优势是能够一键把自己的淘宝店搬到该微店平台上，甚至可以“一键”将自己的淘宝店搬到其他人的微店上。这样一来，你就相当于拥有了众多的加盟店，只是发货都要靠自己。可以说，口袋购物已经成为时尚潮人们的购物天堂（见图 1-11）。

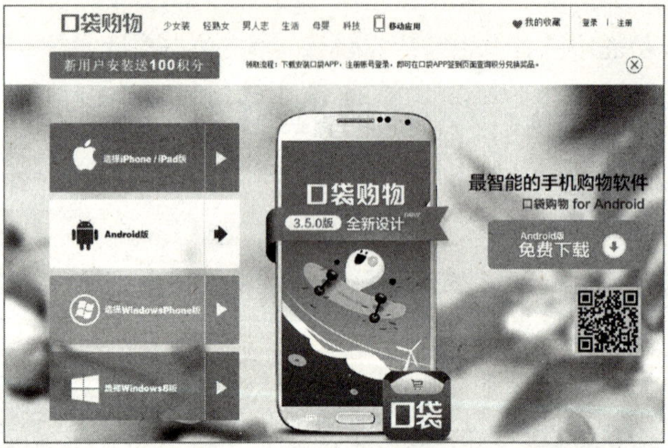

图 1-11　口袋购物客户端

口袋购物基本上适用于所有想要开微店的人，它没有任何门槛，不收取任何费用。下面我们就来介绍一下在口袋购物这个平台上开微店的流程。

图 1-12　口袋购物 Logo

1．注册

（1）在手机桌面点触口袋购物图标（见图 1-12），打开口袋购物 APP，准备注册。

（2）进入“注册 / 登录”页面，点触“注册”按钮（见图 1-13）。

（3）填写手机号码（见图 1-14）。

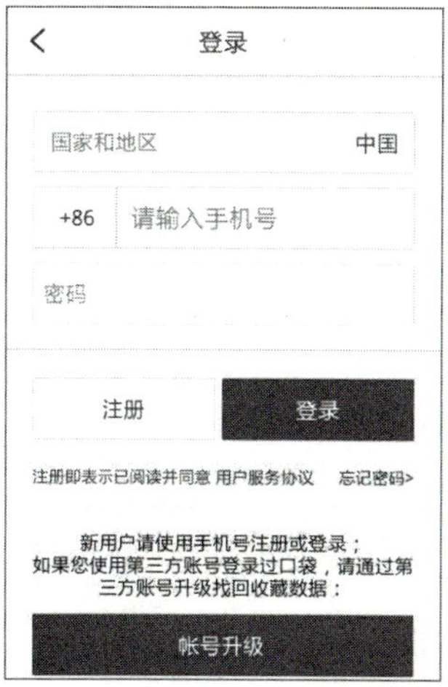

图 1-13 注册页面

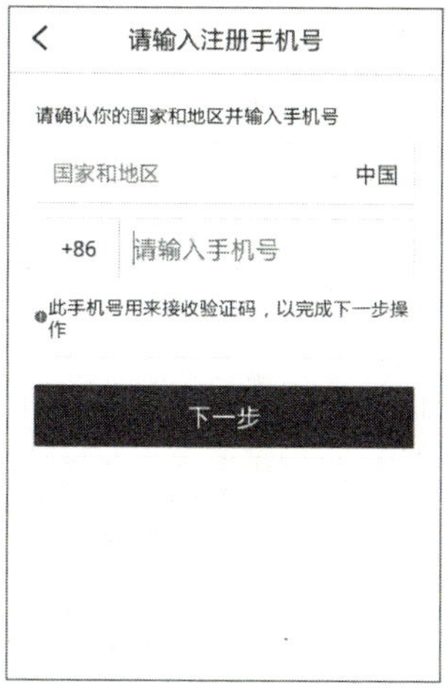

图 1-14 输入手机号

（4）将手机收到的验证码输入“验证码”文本框中，并设置登录密码（见图 1-15）。

（5）编辑个人信息，包括昵称、手机、性别、收货地址等（见图 1-16）。

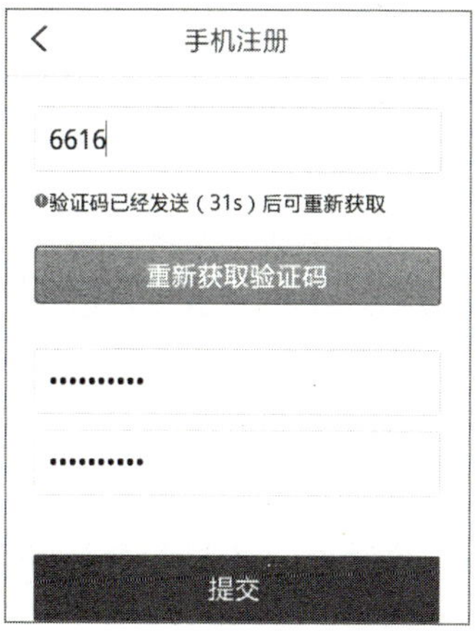

图 1-15 输入验证码

图 1-16 编辑个人信息

2．登录

（1）注册完毕后，点触右上角的“设置”按钮（见图 1-17），进入“设置”页面，点触“退出登录”按钮（见图 1-18），退出登录状态。

（2）输入手机号码和密码，重新登录（见图 1-19）。

图 1-17　点触“设置”按钮

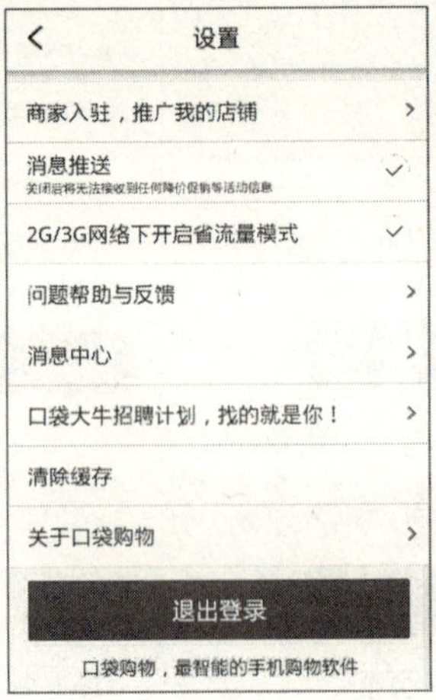

图 1-18　退出登录

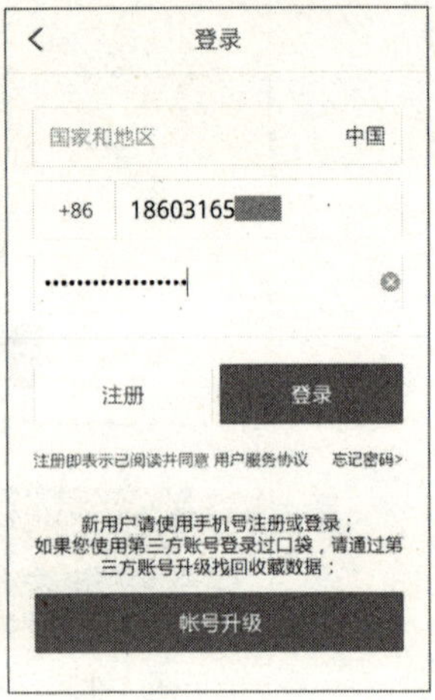

图 1-19　重新登录

3．“我的街”功能介绍

该功能有着不计其数的子功能，能够帮助你找到自己喜欢的商品，并放到自己的微店里，还能进行充值、抽奖、购买彩票等活动（见图 1-20）。

4．“搜索”功能介绍

该功能下的商品分类精细、齐全，在这里你能够搜索到自己喜欢的商品和店铺（见图 1-21）。

5．“我的口袋”功能介绍

（1）“宝贝”功能

如果你在这里发现喜欢的宝贝，就可以收藏起来，并且还有特价宝贝等你挑选（见图 1-22）。

（2）“动态”功能

在这里你可以收藏喜欢的店铺，随时获取收藏店铺上的最新动态和促销信息，而且还有实时提醒功能（见图 1-23）。

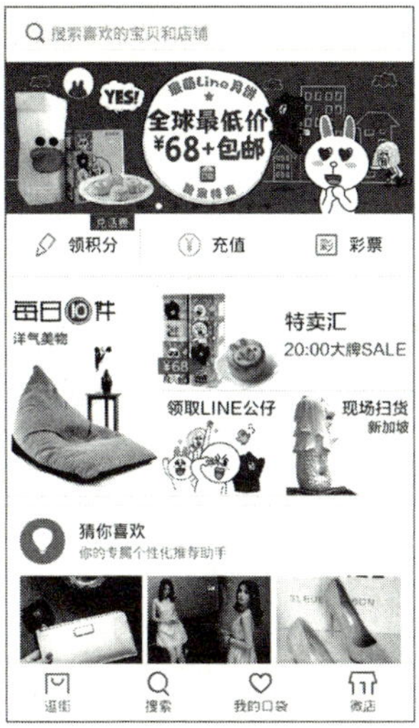

图 1-20 “我的街”页面

图 1-21 “搜索”页面

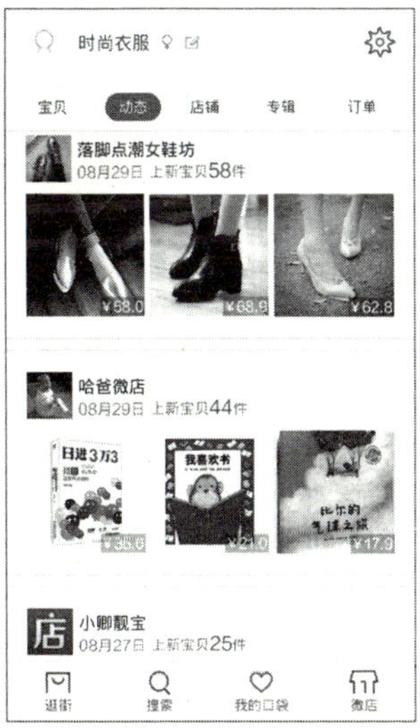

图 1-22 “宝贝”页面

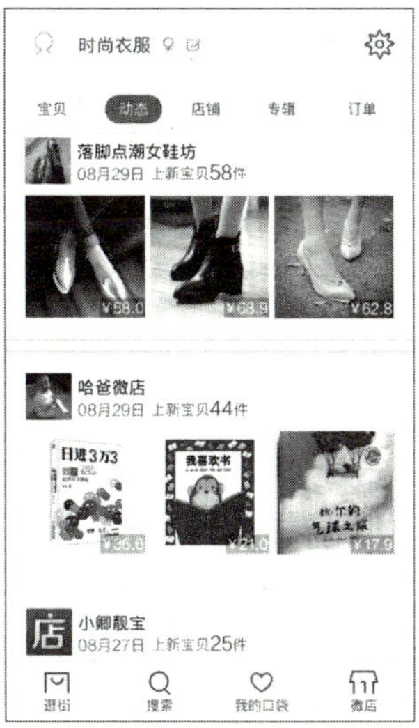

图 1-23 “动态”页面

（3）“店铺”功能

这里是你收藏店铺的仓库，你喜欢的店铺都在这里，而且系统还会为你推荐一些好店（见图1-24）。

（4）“专辑”功能

你之前搜索的内容全被收藏在这里，你可以随时查看（见图1-25）。

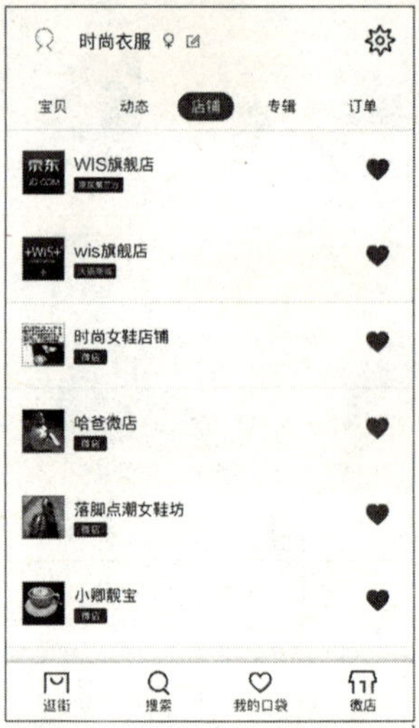

图1-24 “店铺”页面

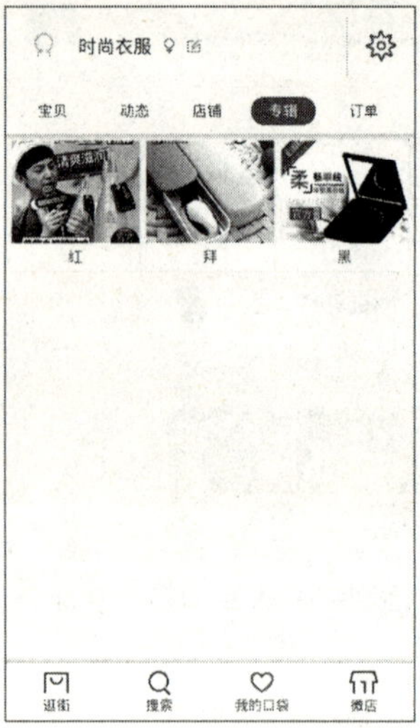

图1-25 “专辑”页面

（5）“订单”功能

该功能包含“快捷购买订单”和“微店订单”两项子功能（见图1-26）。“快捷购买订单”指的是在口袋购物里的一般订单；“微店订单”指的是店主同一手机号码注册的其他微店的订单，在这里可以集中查看。

（6）“我的微店”功能

该功能包括“商品管理”“订单管理”“我的收入”以及“销售管理”四项子功能（见图1-27），你可以利用这几项功能轻松掌握自己店铺的具体情况。当然，你还可以进一步编辑自己的店铺，或者复制链接向朋友圈分享你的店铺，增加店铺曝光率。

图 1-26 “订单”页面

图 1-27 “我的微店”页面

口袋购物目前已经拥有几千万的受众群体，功能日趋完善，是为微店导流的绝佳平台，所以，想要开通微店的朋友可以优先选择这个平台。

↗中兴微品会：专注品牌特卖

中兴微品会由中国最大的通讯设备上市公司中兴通讯股份有限公司注册并运营，是一个基于手机终端的电子商务交易软件。中兴微品会 APP（见图 1-28）轻便、简洁，用户注册成功后即可立即投入使用。同时，它还能够帮助店主迅速积累用户群，为合作方及消费者创造价值。

图 1-28 中兴微品会 Logo

2014年3月21日，中兴微品会正式开始试运营，首批上架的商品为中兴终端消费产品手机。测试三个月之后，2014年6月24日，中兴微品会在各大应用商店更新上线。

中兴微品会的定位是：打造一个个性化、小而美的创意电商平台，售卖的产品类型不用多，但必须都是与生活品质相关的创意产品。目前，中兴微品会已有的商品品类包括手机数码、智能家电、家居生活、进口食品、有机产品、旅游时尚以及创意产品等。中兴微品会的主界面如图1-29所示。

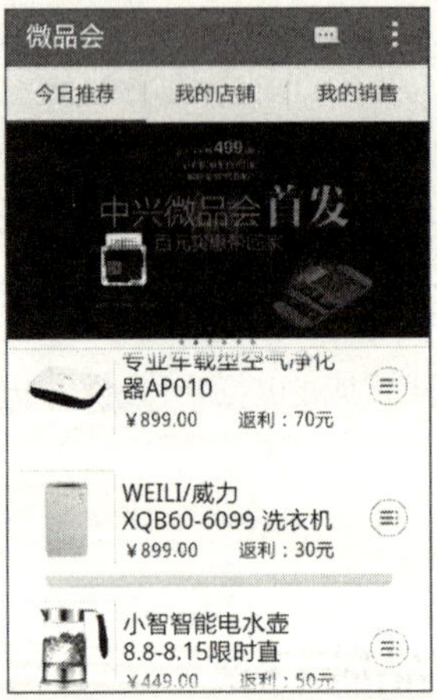

图1-29　中兴微品会主界面

事实上，中兴微品会就是一个类似手机淘宝的开店应用程序，用户下载并安装好APP后，根据相关要求填写信息，就能够注册成为中兴微品会的会员了。

与微店网一样，中兴微品会的主要优势也在于零成本开店，同时货源、物流和售后服务等也都不用店主负责，中兴通讯股份有限公司会全部解决。与微店网不同的是，在中兴微品会上开店，店主可以获得一定比例的返利，一件商品的返利大概是成交价格的 5%~10%。

在中兴微品会上开店的具体流程如下。

1．下载 APP，进行安装

下载中兴微品会的 APP，然后安装到手机上，启动程序，就会看到如图 1-30 所示的登录页面。没有账号的用户可以点触“注册”按钮进行注册。

2．注册账号

进入如图 1-31 所示页面后，按照要求填写手机号码，并点触“获取”按钮获得验证码，然后点触“下一步”按钮。

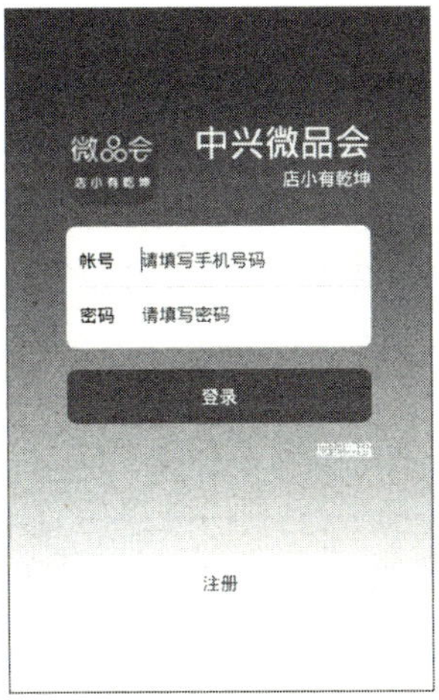

图 1-30　中兴微品会注册页面

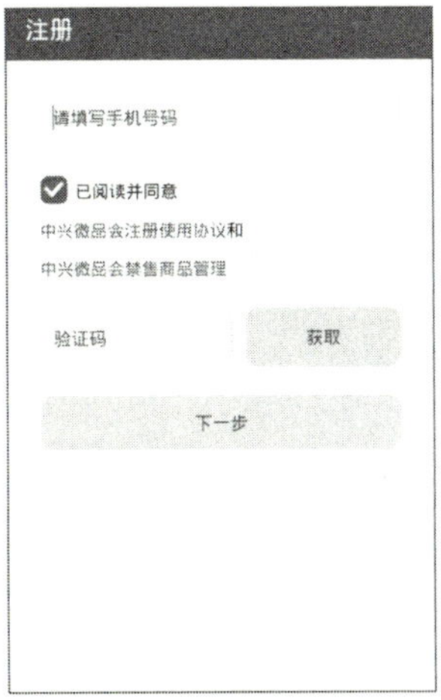

图 1-31　填写注册信息

3．创建店铺

注册完成后，用户需要创建店铺。按照提示为微店起一个个性十足的店名，并点触左上角的灰色圆圈，为微店添加 Logo，之后填写微信号，以便推广、宣传店铺，最后点触“下一步”按钮（见图 1-32）。

4．绑定银行卡

系统会按照店主的销售业绩，按时将属于店主的返利存入店主的银行卡中，所以店主需要将账号与银行卡绑定。绑定银行卡的页面如图 1-33 所示，填写好以后点触“保存”按钮即可。

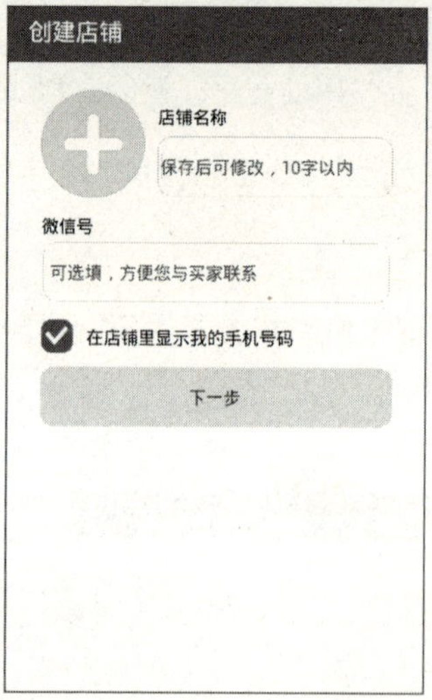

图 1-32　创建自己的中兴微品会微店

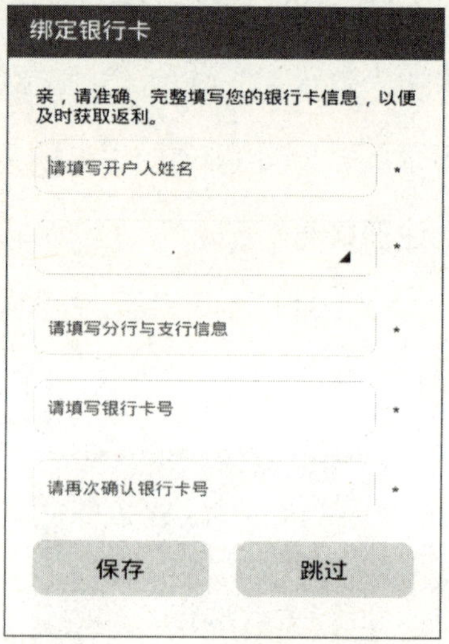

图 1-33　绑定银行卡

5．注册成功

创建好店铺之后，就会进入中兴微品会主页面，你可以看见各种商品的信息，具体的返利信息也一目了然（见图 1-34）。其中，“今日推荐”页面不仅显示了各种商品，还有对物流、售后以及一些优惠活动的介绍；点触“我的店铺”标签，可以查看自己的小店；“我的销售”页面显示的是小店的销售业绩。

如果想将某件商品添加到自己的店铺中，可以在“今日推荐”页面中选择商品，点触商品右边的小圆圈（见图 1-35），在弹出的菜单中点触“添加”选项，这件商品就会出现在你的店铺中。

6．“我的店铺”页面

在“我的店铺”页面中点触店铺右边的小圆圈，会弹出一个菜单，里面有四个选项，分别是“分享”“查看详情”“编辑”和“复制链接”（见图 1-36）。

如果店主想要推广店铺，可以点触“分享”按钮，之后就会出现如图 1-37 所示页面，店主可以将店铺分享到微博、微信以及论坛等处，吸引更多的人来光顾自己的店铺。

图 1-34 中兴微品会主页面

图 1-35 为店铺添加商品

图 1-36 “我的店铺”页面

图 1-37 分享和推广店铺

“我的商品”一栏显示了微店中所有的商品，店主可以根据市场需求来决定某件商品是下架还是继续留在自己的店铺中。如果需要下架商品，点触商品右边的小圆圈，在弹出的菜单中选择“下架”选项即可（见图1-38）。

7.“我的销售”页面

在“我的销售”页面中（见图1-39），可以查看返利信息、订单量（见图1-40）、销售统计信息（见图1-41），也可以进行客户管理。

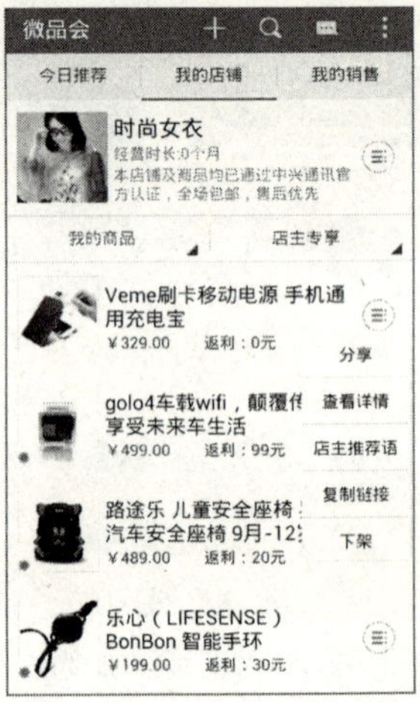

图1-38 选择需要下架的商品

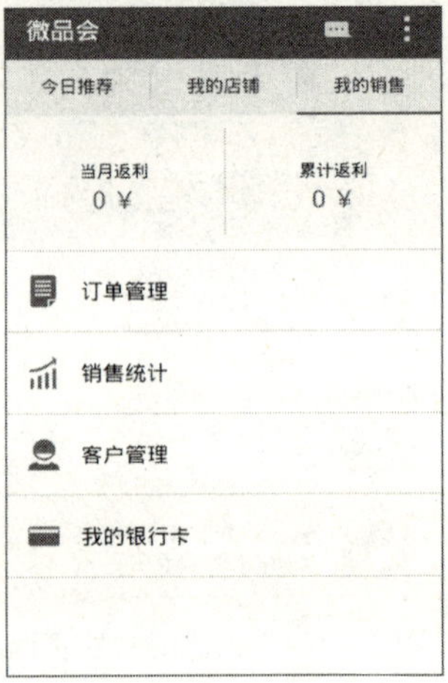

图1-39 “我的销售”页面

图1-40 “订单管理”页面

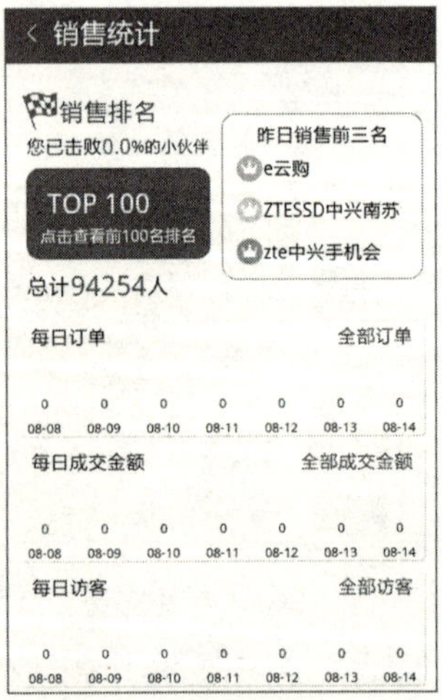

图1-41 “销售统计”页面

完成上述步骤之后，你就拥有了一家中兴微品会微店，成为一名微店老板了。你可以根据自己的喜好以及市场需求选择并添加商品，然后通过网络宣传和推广自己的店铺，之后坐等返利就可以了。

第二章

微店平台注册及基本设置

了解了关于微店的基本概念、应用知识以及常用的微店 APP 之后，相信很多怀有创业梦想的朋友早已跃跃欲试了。本章将详细、系统地介绍开微店的具体流程和操作技巧，为各位店主朋友提供参考。

↗开微店前的准备工作

俗话说得好：“成功总是青睐那些准备好的人。”开微店看似简单，但也需要好好做一番准备工作。

下面就以口袋购物平台的微店为例，向大家介绍一下开微店的准备工作的要点（见图 2-1）。

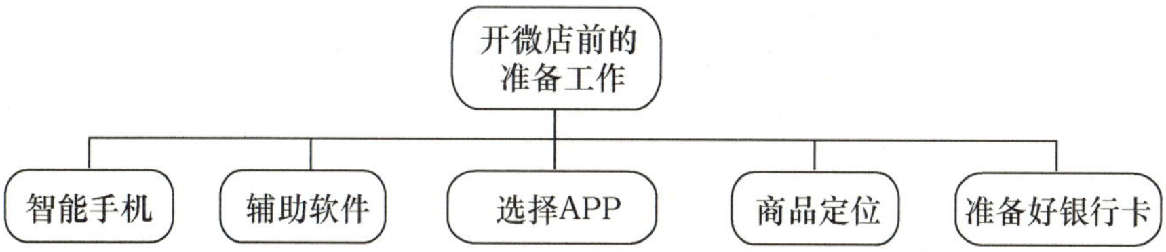

图 2-1　开微店前的各项准备工作

1．智能手机

微店开在哪里？微店平台的载体是什么？答案是智能手机。要想开微店，首先，我们要有一部能够运行 APP 软件的智能手机（见图 2-2）。在选择智能手机时，我们需要注意一点，那就是该手机必须能够安装和使用微信，因为我们开通的是微信店铺。微店用户需要用微信做营销，要能够方便地通过微信与买家进行一对一的沟通。

图 2-2　智能手机上的微店应用

2．辅助软件

开通微信店铺后，首先需要选择一款辅助软件。在这里，我们推荐使用“金元宝”（见图 2-3）。这款辅助软件不仅能帮助各位店主轻松完成微信店铺的开通，同时还能帮助店主对自己的店铺进行高效的日常管理和维护。通过金元宝，微店卖家可以很好地按自己的店铺主题去装修店铺、添加与发布商品、修改商品库存、上下架商品、修改邮费等。更重要的是，通过使用金元宝，各位微店卖家能够很方便地在朋友圈推广自己的店铺，扩大自己微店的影响力。而且，使用金元宝是完全免费的，这也是它最大的优势。

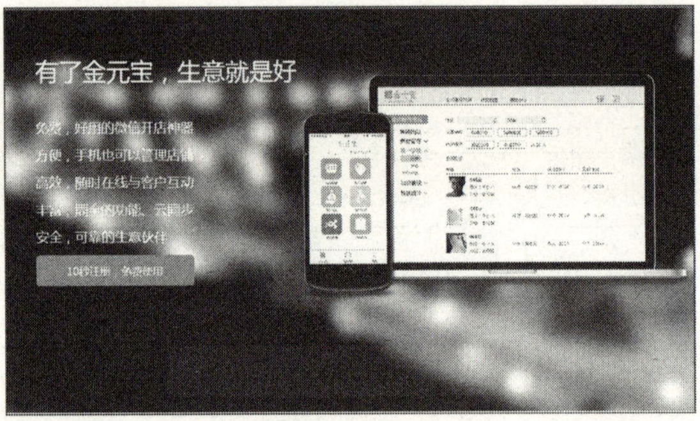

图 2-3　金元宝

3．选择 APP

微店开通后，日常产品销售工作都会在某款微店 APP（见图 2-4）上进行，APP 是否便于交易、使用是否便利对店主来说十分重要。所以，店主在选择微店 APP 时，要对各款微店 APP 进行综合评估，依据各款 APP 的特点和自身的具体情况，选择最适合自己的一款。

4．商品定位

开通微店的目的是在上面卖东西，所以在下载 APP 之前，就应该事先考虑好在微店上卖什么类型的产品（见图 2-5），然后才能高效地进行后续工作。

图 2-4　微店 APP

图 2-5　微店上的各种商品

5. 准备好银行卡

一般情况下，在微店上购物时，人们都会选择在线支付的付款方式。所以，微店店主在开通微店前需要准备一张用于收款的银行卡并与微店绑定（见图 2-6）。

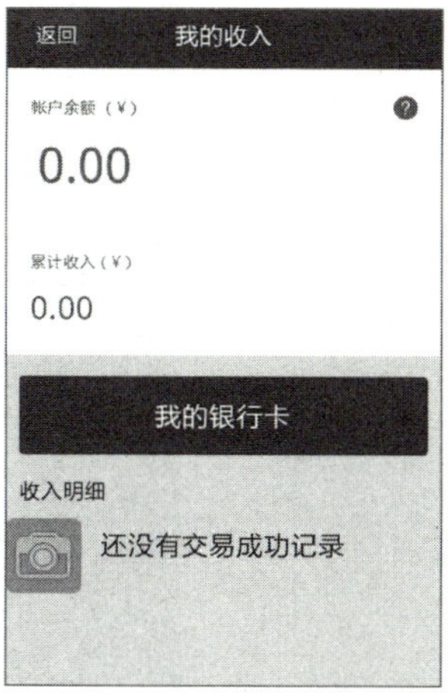

图 2-6　微店绑定的银行卡

除了上面介绍的这些，还有一些其他准备工作需要做，比如提前想好微店的名字、签名信息等，这样才能为微店注册工作节省更多的时间。

↗如何下载、安装微店APP

做好准备工作之后，便可以着手开通自己的微店了。开通微店的流程其实并不复杂，第一步就是要安装一款微店 APP。

目前市场上的微店 APP 有很多，在第一章中我们已经对几种常用的微店 APP 进行了详细的介绍。各种微店 APP 的下载和安装在操作步骤上没有什么太大的差别。下面我们就以微店网 APP 为例，简单介绍一下安装过程。

（1）打开智能手机中的应用程序下载软件（如 360 手机助手、安卓市场等，这里以安智市场为例），在搜索栏中输入“微店”进行搜索，选择一款下载量和评价度高的 APP，然后点触“下载”按钮（见图 2-7）。

（2）下载完成后，手机会自动弹出APP的安装界面，点触“安装”按钮（见图2-8）。

图 2-7　下载微店网 APP

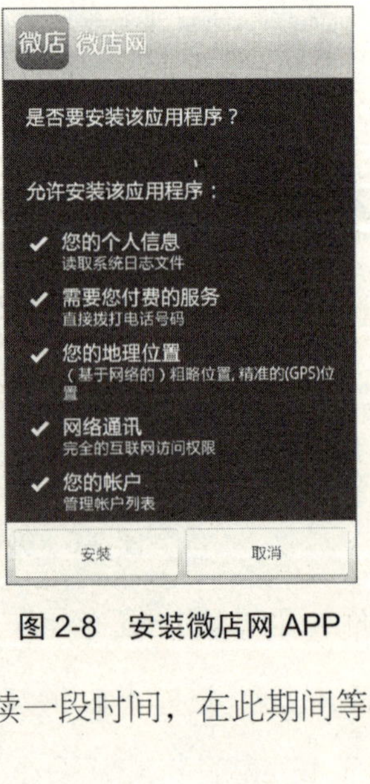

图 2-8　安装微店网 APP

（3）微店网 APP 的安装过程需要持续一段时间，在此期间等待即可（见

图 2-9）。

（4）安装完成后，会出现如图 2-10 所示的页面，点触“完成”按钮会退出安装界面，点触“打开”按钮可以打开该微店网 APP。

图 2-9　微店网 APP 正在安装

图 2-10　微店网 APP 安装完成

（5）点触“打开”按钮后，便会出现如图 2-11 所示的微店平台界面，之后店主便可以注册、开通一家自己的微店了。

图 2-11　微店网 APP 欢迎页面

微店网 APP 的下载和安装过程非常简单，通过上面的描述，相信大家都能够轻松掌握。不过，在这里需要提醒各位店主，在选择微店 APP 时，一定要优先选择那些用户数量大、下载量高的 APP。当然，由于各个微店 APP 的功能有所不同，每个人的使用喜好也各不一样，所以店主在下载、安装微店 APP 的时候要根据自己的使用偏好，本着使用方便、功能齐全、切换灵活、界面美观等原则，综合各种因素进行选择。

建议各位准备开微店的朋友多下载并安装几个微店 APP，简单试用后从中选择最适合自己的，然后再进行后续操作。

注意： 很多第三方微信开店平台是收费的，因此要慎重选择。

↗如何注册微店平台

完成了微店 APP 的下载和安装工作后，紧接着需要进行注册账号的工作。下面我们以微店 APP 为例，介绍一下微店的注册流程。

（1）启动微店 APP，进入欢迎页面（见图 2-12）。

（2）在欢迎页面任意处点触，进入登录（注册）页面，点触“注册”按钮（见图 2-13），开始注册微店账号。

（3）进入微店注册页面后即可填写注册信息，首先要填写自己的手机号码（见图 2-14），点触“下一步”按钮，手机便会接收到验证码，填好验证码（见图 2-15），再点触“下一步”按钮。

（4）设置微店密码。为了微店的安全，我们需要设置微店密码，微店密码的长度最好在九位以上。和其他 APP 一样，输入一次密码后还需再输入一次进行确认，防止因输入错误导致二次登录失败（见图 2-16）。

图 2-12 欢迎页面

图 2-13 登录（注册）页面

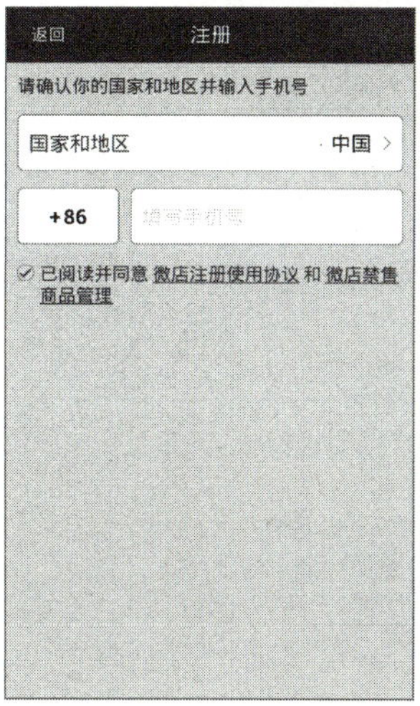

图 2-14 注册页面

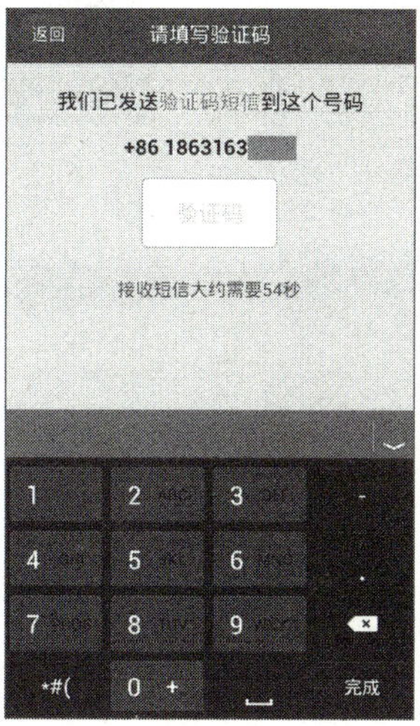

图 2-15 输入验证码

图 2-16 设置密码

（5）密码设置完成后，点触“下一步”按钮，进入“填写个人资料”页面（见图 2-17），需要依次输入个人真实姓名、身份证号码并第二次输入身份证号码。填写完毕后点触“下一步”按钮，再点触“确定”按钮（见图 2-18），便会进入创建店铺页面，输入自己的店铺名称（见图2-19），最后点触“完成”按钮。这样，微店的注册就基本完成了。

（6）微店注册完成之后，便会进入微店的登录页面（见图2-20），依次填写手机号、密码，便可以登录并使用微店了。

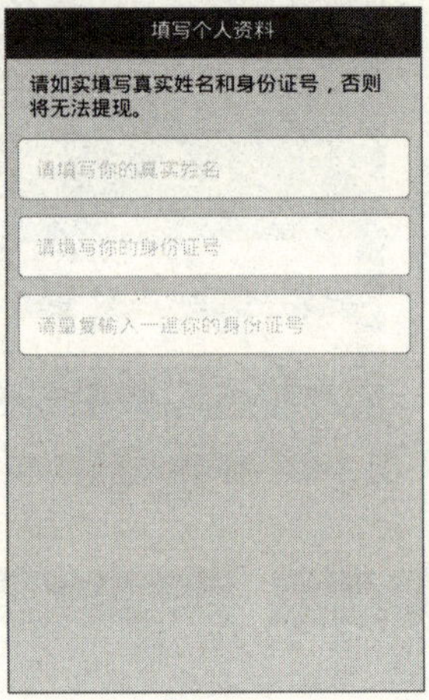

图2-17 “填写个人资料”页面

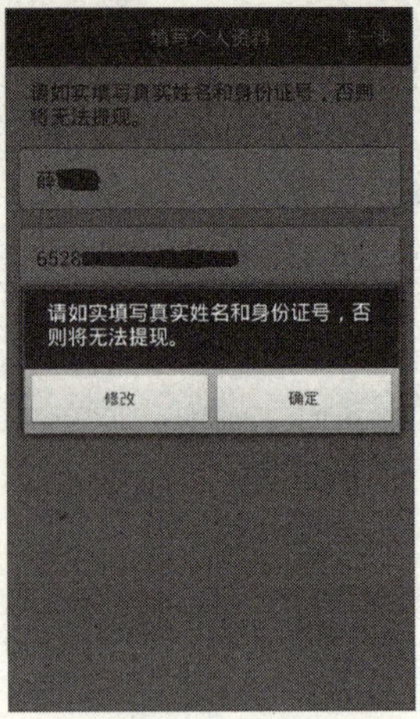

图2-18 点触“确定”按钮

图2-19 输入店铺名称

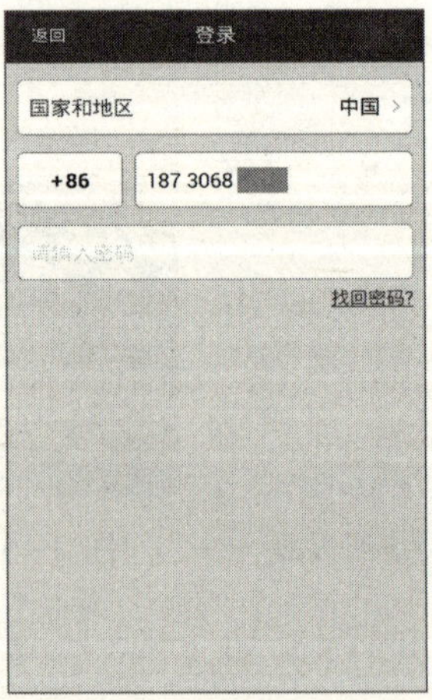

图2-20 登录页面

我们也可以使用平板电脑注册微店账号，不过同时还需要手机配合。使用平板电脑进行注册时，输入自己的手机号码后，使用手机收到的验证码同样可以成功注册微店账号。

↗微店相关功能设置

登录微店后，我们就可以对微店进行设置了。对于微店用户来说，几乎所有设置都是可以随时进行修改的，因此，短时间内没想好如何设置具体功能也没关系。

下面，我们以微店 APP 为例，介绍一下微店的基本设置。

登录微店，用户可以看到如图 2-21、图 2-22 所示的页面，这两个页面共包括十项功能，分别为“微信收款”“我的微店”“订单管理”“销售管理”“客户管理”“我的收入”“促销管理”“我要推广”“买家市场”以及“客户来了”。另外，左下角为“消息中心”图标，右下角为“设置”图标。下面，我们就按顺序依次介绍一下各项功能。

图 2-21　微店的各项功能 1

图 2-22　微店的各项功能 2

1. “微信收款”功能

所谓微信收款，就是向微信好友收款。也就是说，店家设置好金额后（见图 2-23），会自动生成一个付款链接，将这个链接发送给自己的微信好友（见图 2-24），对方在消费之后就可以通过这个链接进行支付了。

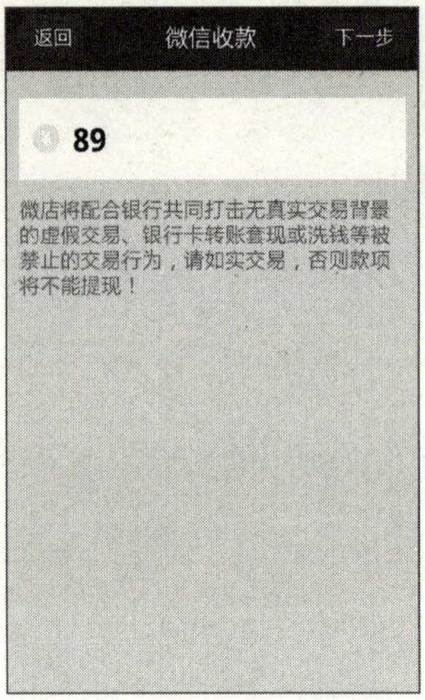

图 2-23　设置收款金额

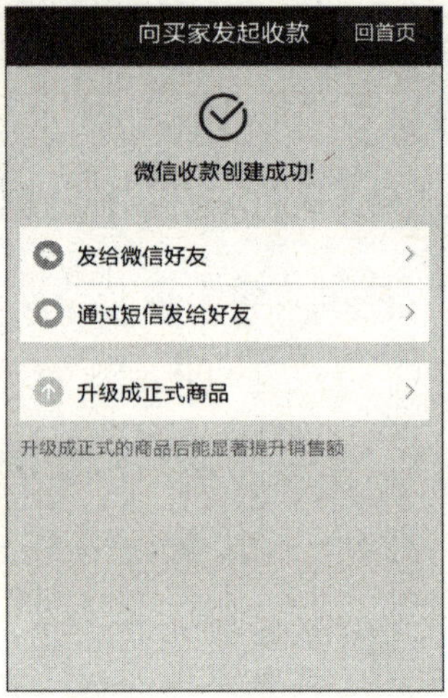

图 2-24　微信收款

2. “我的微店”

利用这一功能，店主可以更改店铺名称和店招，也可以编辑店铺的公告，还可以开通“担保交易”“七天无理由退货保障”“货到付款”等功能（见图 2-25）。

3. “订单管理”功能

该功能包括“待处理”“未付款”“已完成”“已关闭”四项与订单管理相关的子功能（见图 2-26），方便店主对订单随时随地进行管理。

4. “销售管理”功能

该功能包括“成交订单”“成交金额”“每日访客”三项子功能（见图 2-27），在这里，你可以了解店铺近两天的销售情况。

5.“客户管理”功能

顾客在微店中成交过多少次，交易总金额是多少，店主可以通过这项功能轻松掌握这些数据（见图 2-28），同时还能以此来区分新老顾客，进而采取不同的维护措施。

图 2-25 “编辑店铺”页面

图 2-26 “订单管理”页面

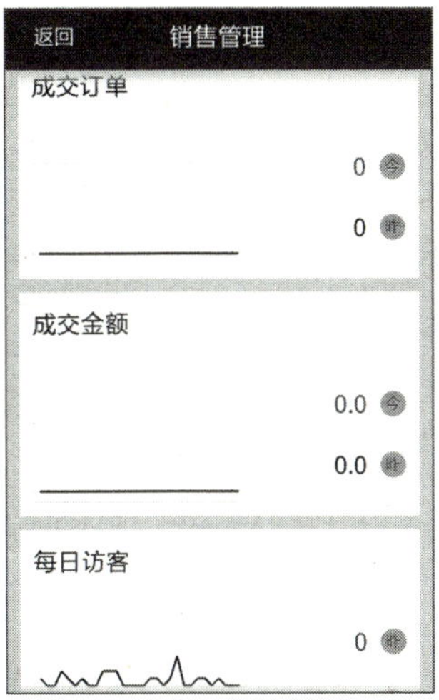

图 2-27 “销售管理”页面

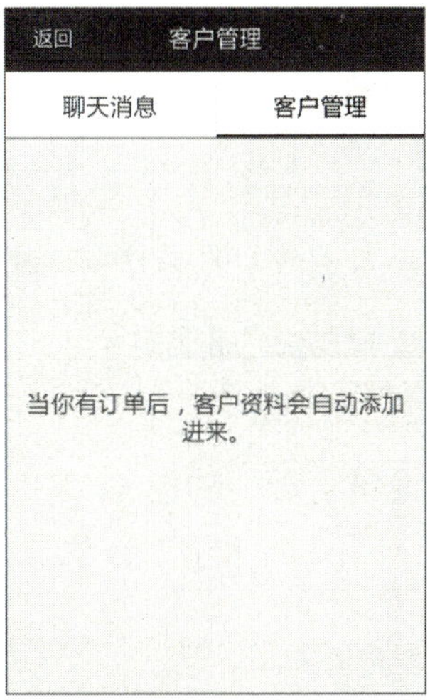

图 2-28 “客户管理”页面

6.“我的收入”功能

店主绑定银行卡后，收入会在交易次日自动提现至该银行卡，一般是1~2个工作日到账。点触“我的银行卡”图标，填写银行卡信息，选择开户银行，填写两次银行卡号，即可完成绑定（见图2-29）。

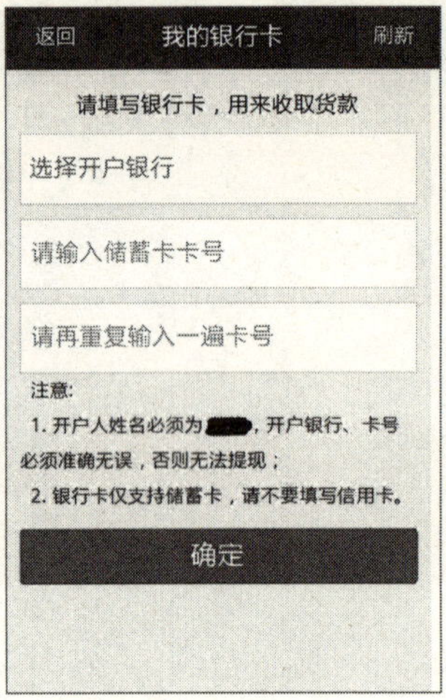

图2-29 绑定银行卡

注意：

（1）此处仅支持借记卡，不支持信用卡。

（2）银行卡的开户人姓名、身份证号必须与注册时填写的姓名、身份证号一致，否则无法完成提现。

7.“促销管理”功能

店家可以设置一些私密优惠活动来吸引顾客，即只有收到活动链接的顾客才可以享受相应优惠。目前，微店的私密活动只有折扣这一种形式。比如，你可以将商品优惠折扣设置为八折，设置好生效时间和结束时间（见图2-30），然后将链接分享到自己的朋友圈（见图 2-31）。

图 2-30　私密优惠的设置

图 2-31　通过多种方式将优惠信息发送给买家

8.“我要推广”功能

目前，微店只有三种推广方式，分别是友情店铺、分成推广和口袋直通车（见图 2-32）。

图 2-32　微店的三种推广方式

（1）友情店铺有点类似于友情链接，当你成功添加其他店铺后，店铺的最底部会出现其图文链接。一个微店最多可以加入 10 个友情店铺。其好处就是增加店铺曝光率，将对方的客流引流到自己的店铺中，其弊端是无法弄清对方的流量到底有多少。

（2）分成推广是指推广者可以直接分享某一店铺里的商品，一旦有人通过分享链接发生交易，推广者即可获得佣金。

（3）口袋直通车目前尚未面向微店商家全面开放，需要满足以下条件才能开通：你的微店成功使用过淘宝搬家服务，有对应的淘宝店铺；对应淘宝店铺的主营商品类目为服饰鞋包、母婴用品、家具用品、美容护理或 3C 数码；对应淘宝店铺的经营指标须符合已加入淘宝消费者保障计划、天猫商家或者信用等级为一钻及以上的淘宝卖家、好评率大于 98%、动态评分三项均大于等于 4.6 分共四个条件。

9."卖家市场"功能

在这里，用户可以看见"批发市场""转发分成"以及"附近微店" 三个模块（见图 2-33）。

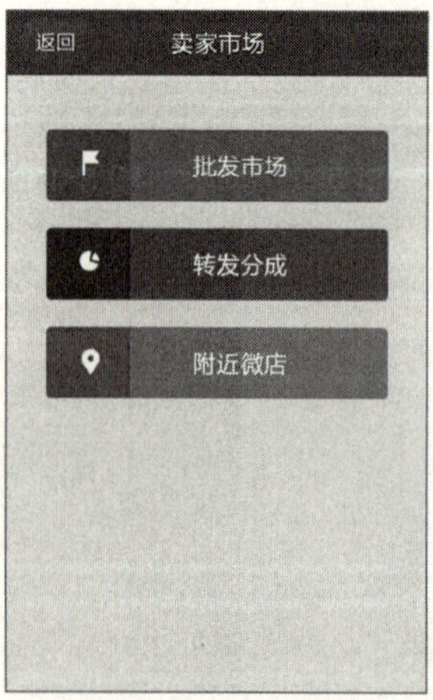

图 2-33 "卖家市场"页面

（1）批发市场。这里入驻了一些商家，店家可以在这里找到批发货源。

（2）转发分成。这是系统随机抽取、设置了有奖转发的店铺，让大家帮你推广。

（3）附近微店。店家可以通过定位搜索到附近的店铺，也可进去逛逛，你的店铺也会显示在其中。

10．“客户来了”功能

如果你还没有下载口袋购物 APP，可以在这里直接进行下载（见图 2-34），如果你已经下载，点触页面之后稍等几秒钟，便可直接进入口袋购物页面。

11．“消息中心”功能

口袋购物官方会通过“消息中心”来发布一些微店新功能、微店运营技巧等内容（见图 2-35）。

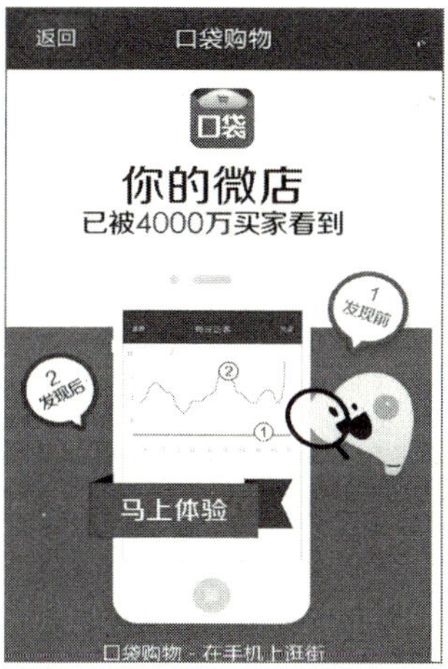

图 2-34　口袋购物 APP

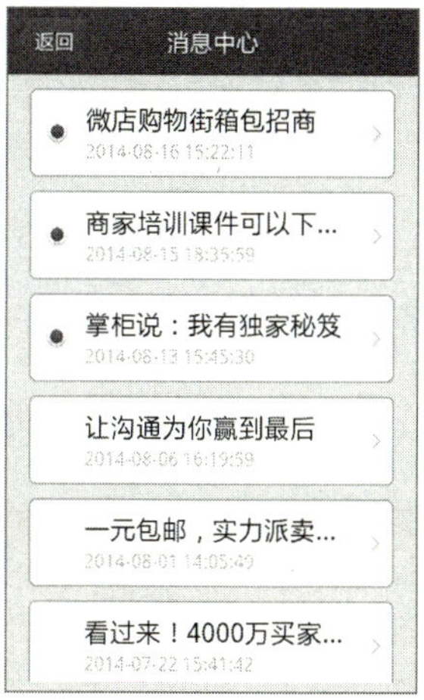

图 2-35　“消息中心”页面

12．“设置”功能

该功能有五项子功能，你可以根据自己的需要去选择。其中，“淘宝半价助手”可以帮助淘宝店主一键将自己淘宝店里的商品搬到微店，还可以从这里退出登录（见图 2-36）。

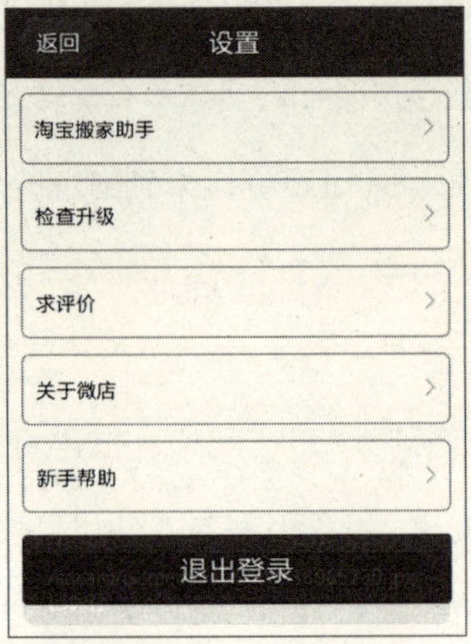

图 2-36 “设置”页面

↗微店担保交易设置

自从微店开通担保交易功能之后，许多店主为了取得顾客的信任都使用了这一功能。当消费者看到店铺设有担保交易这一功能时，相当于吃了一颗定心丸，就可以放心地购买商品了。

不过，虽然担保交易是一项可以让店主和消费者实现共赢的功能，但是在实际操作中却也会给双方带来一定的麻烦。比如，对店主来说，资金很难及时到账；而对于消费者来说，每一次购物都要单击“确认收货”才能完成支付。所以，到底要不要使用这一功能，完全看店主自己的选择。但有一点值得注意，那就是开通之后想关闭该功能的话，必须与微店官方客服联系。一般来说，客服受理后，两个工作日内就可以关闭该功能。

下面，我们来详细讲解一下设置担保交易的具体操作流程。

（1）用手机登录微店，点触“我的微店”图标，进入店铺（见图 2-37）。

（2）点触店招或者店铺名称、链接，再点触“店铺设置”（见图 2-38）。

图 2-37　“我的微店”页面

图 2-38　点触“店铺设置”按钮

（3）进入“店铺设置”页面后，点触“担保交易”选项（见图 2-39）。

（4）进入“担保交易”页面，阅读《微店担保交易服务约定》（见图 2-40）。阅读完毕，若同意约定，点触“开通担保交易”按钮，弹出提示框，点触“是”按钮（见图 2-41）。

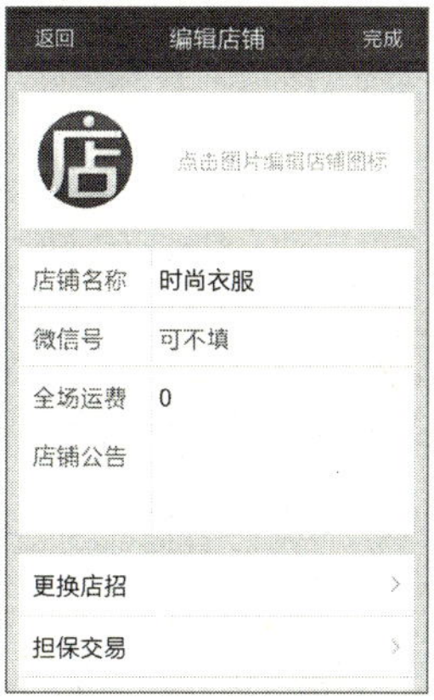

图 2-39　店铺设置页面

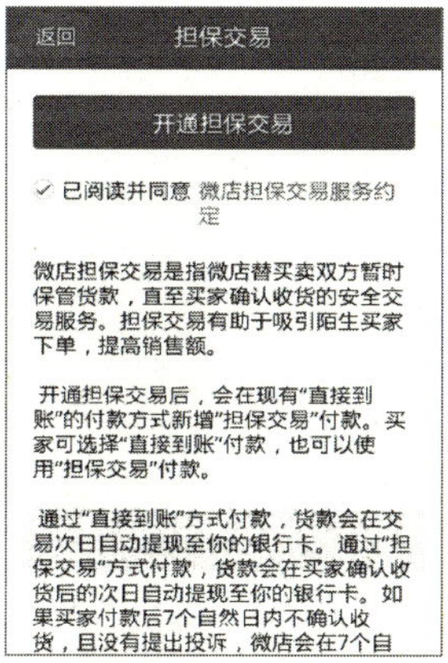

图 2-40　开通担保交易页面

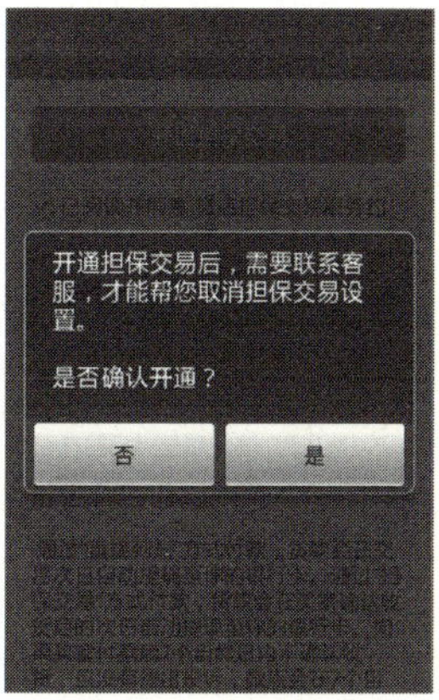

图 2-41　提示信息

（5）担保交易设置成功后（见图 2-42），你的店铺就会显示此项功能已经开通（见图 2-43）。

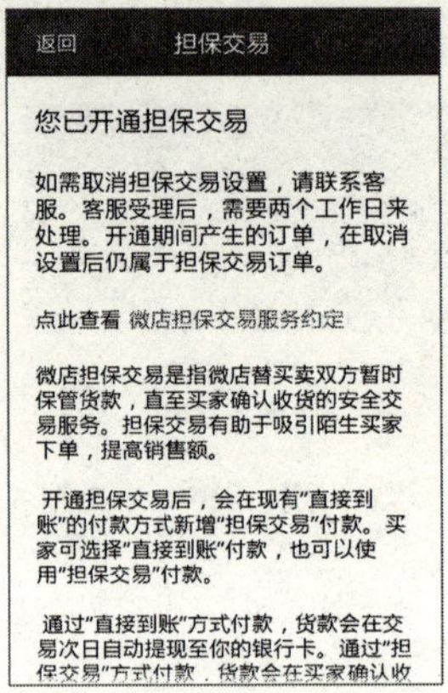

图 2-42　担保交易设置成功

图 2-43　店铺显示“担保交易”字样

开通担保交易功能后，现有的“直接到账”付款方式中会新增“担保交易”选项，顾客在付款时可选择“直接到账”付款，也可以使用“担保交易”付款。

第三章

如何选择货品及上架商品

要想把自己的微店经营得风生水起，就一定要掌握一些微店经营的基础知识。微店虽小，但里面的经营学问却不小。尤其是对于第一次开微店的人来说，从货品的选择，到商品的展示、宣传和推广，每一个步骤都需要深入了解。

↗如何选择售卖的商品

微店注册完成之后，接下来店主就要考虑在自己的小店里卖什么了。对于在注册 APP 之前没规划好经营方向的店主来说，在有了自己的微店之后首先就要考虑这个问题。

选择商品对于微店的发展来说很重要。商品是否具有独特的卖点？在市场中的销售情况怎样？能否带来可观利润？能否吸引大量顾客前来抢购？这些问题都是需要店家认真思考的。要想掌握这些信息，要求店家必须拥有高度的市场洞察力，时时关注市场动态，关注潮流，这样才能挑选出质量好、价格优的商品。

那么，如何选择售卖商品呢？图 3-1 列出了选择商品的六大原则。

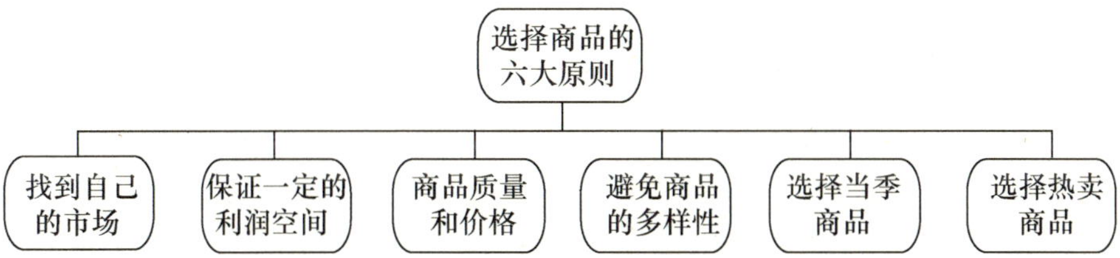

图 3-1　选择商品的六大原则

1．找到自己的市场

有时候，你费尽心思找到了一款商品，等着生意上门的时候，等到的却是门庭萧条。为什么会这样呢？这其中可能有商品的原因，或者是因为质量不过关，或者是因为价格不公道；可能还有另外一个原因，那就是你没有找准市场。也就是说，你没有弄清楚自己的商品是卖给哪些人的，他们的真实需求在哪里，他们具备哪些购买特点，等等。不要试图把你的商品卖给任何人，在决定售卖何种商品之前，一定要先找准这一商品对应的消费市场，这样才能事半功倍。

2. 保证一定的利润空间

开店就是为了赚钱，越畅销的商品，利润就越多。但有些店主常常会把价格低廉的商品与畅销商品混为一谈，这种认识是错误的。认真观察后不难发现，市场上最畅销的商品往往并不是价格最便宜的，所以在挑选售卖的商品时，这一点要特别注意。另外，还要考虑单件商品的利润。比如，两件相同的产品，一个可以赚 5 元利润，另一个可以赚 8 元利润，在质量相同的条件下，就要选择可以多赚 3 元的那一件产品。

提高利润是微店经营的关键，有些店铺之所以经营失败，不是因为商品不好，正是因为售卖的商品没有获得足够的利润。

3. 商品质量和价格

商品的质量和价格搭配在一起之后，就组成了一个商业名词——性价比。商品质量越好、价格越低，则性价比越高，性价比高的商品自然会很受消费者欢迎。所以，你在选择售卖的商品时也要充分考察一下商品的性价比。

4. 避免商品的多样性

有很多店主认为售卖的商品种类越多，客流量就会越大，这其实是一个认识上的误区。实践证明，集中销售一种单品要比销售多种类商品更容易成单。为什么这么说呢？首先，如果商品众多，你就没有太多的时间和精力去管理，结果必然会影响销售；其次，面对众多需求不同的消费者，你培养自己的粉丝时就会遇到很大的阻碍。因此，在售卖商品的选择上最好不要贪多求全，把全部精力都投入到一种商品中往往会更快获得收益，这一点对于新手店主来说尤为重要。

5．选择当季商品

这一点很好理解，比如冬天已经来了，你却还在销售夏天的商品，那自然很难吸引消费者。因此一定要根据季节的变化选择适合的商品，这一点也很重要。

6．选择热卖商品

热卖商品不仅可以为你带来利润，更重要的是它可以为你吸引大量的客源，带动其他商品的销售。所以说，热卖商品是一个不错的选择，但店主对于进入时机和市场未来的趋势要有一个清楚的认知。

其实，除了以上介绍的一些商品之外，广大微店店主还有许多其他的选择，比如易耗品、特殊品（特产等）以及虚拟物品等。但有一点值得注意，无论你选择哪种商品，都要不断地在营销手段和方法上创新，这样才能从根本上保证你的微店生意火爆。

↗如何添加商品

微店相关功能设置好之后，就要往微店里添加商品了，下面就介绍一下往微店里添加商品的步骤。

（1）点触手机桌面上的“微店”图标，进入微店的菜单界面。点触“我的微店”图标，进入微店主页面，点触“添加”按钮（见图 3-2）。

（2）进入商品展示图和商品信息添加页面，在第一栏有一个虚线正方形的图形（见图 3-3），点触后便会进入相应图库。

图 3-2　微店主页面

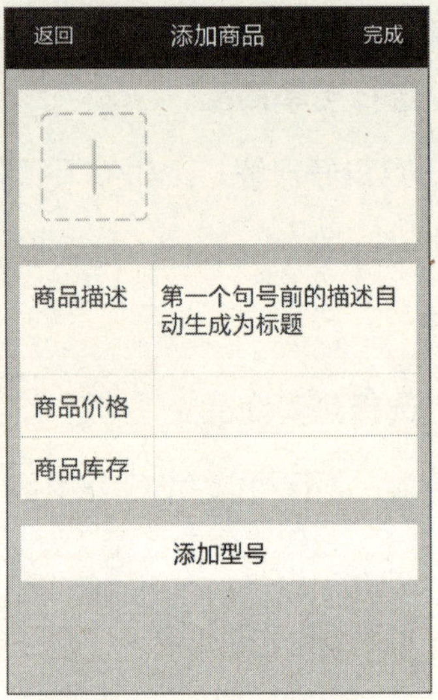

图 3-3　添加商品页面

（3）如果你没有商品图片，可以点触“相机拍照”按钮（见图 3-4），为你的商品拍照，拍好之后点触“保存”按钮即可。

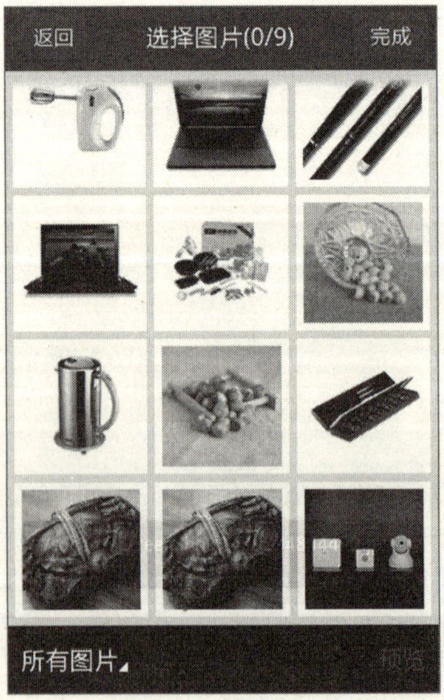

图 3-4　商品图库页面

（4）找到你拍摄的商品图，进行添加操作（见图 3-5），该商品图就被添加到商品信息中了。当然，如果你预先存有商品图片，那就更方便了。

（5）接下来，你要对自己的商品进行描述。描述最好生动、形象一些，以便勾起买家的购物欲望。你还要填写商品价格以及商品库存信息（见图 3-6）。如果你的商品有各种型号，价格也不同，你也可以点触“添加型号”按钮，然后填写相应内容就可以了。其实，还有一种更简便的方法：如果你拥有实体店，商品上有条形码，你只需用手机扫一下商品的条形码，即可完成商品信息的填写。

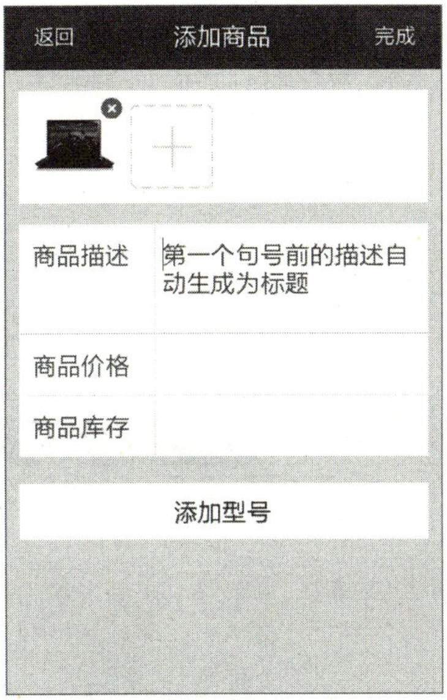

图 3-5　添加商品页面

图 3-6　商品描述页面

（6）填完所有商品信息后，点触“完成”按钮，就会进入商品添加成功提示页面（见图 3-7）。

（7）此时，你想要展示的商品便成功地添加到微店店铺中了（见图 3-8），接下来，你可以按照以上步骤依次添加其他商品。

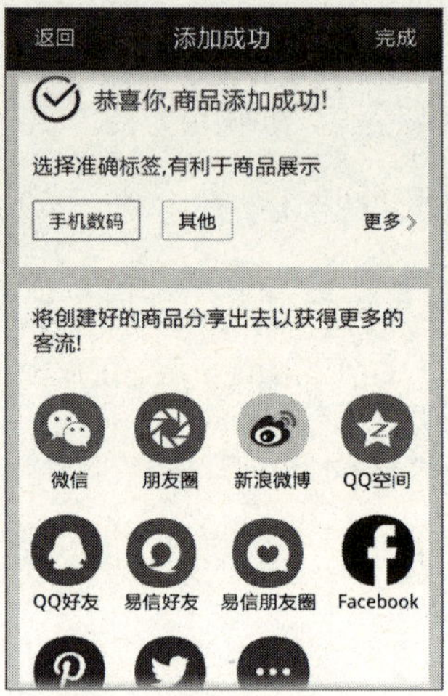

图 3-7　商品添加成功页面

图 3-8　商品添加完成

当然，微店 APP 众多，并不是所有微店 APP 添加商品都如此烦琐。

↗如何预览商品

添加完商品之后，预览一下商品很有必要。商品的整体效果怎么样，哪些地方需要再修改一下，这些都可以在商品预览时作出判断。那么，如何进行商品预览呢？下面就为大家详细讲解。

（1）商品添加成功后，页面上会出现多个选项，点触“预览”图标（见图 3-9）。

图 3-9　商品添加成功页面

（2）进入商品预览页面，可以看见刚才添加的商品的信息（见图 3-10）。如果想进入自己的店铺，直接向下拖动页面就可看见“进入店铺”选项，点触即可进入（见图 3-11）。

图 3-10　商品预览信息

图 3-11　从预览页面直接进入店铺

（3）如果你在预览商品时，发现自己填写的商品信息有误或者不全，可以点触你想要修改的商品图片（见图 3-12），进入商品信息编辑页面并点触“编辑”按钮，即可对商品信息进行修改（见图 3-13）。再次点击“预览商品”按钮，即可对商品再次进行预览。

图 3-12　预览商品信息

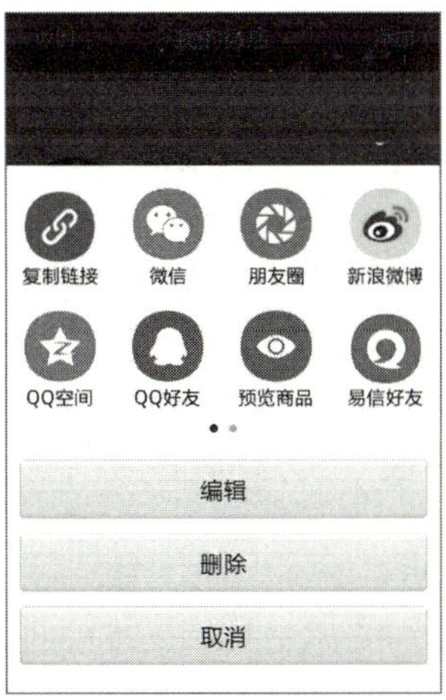

图 3-13　编辑和预览商品信息菜单

（4）修改或完善商品信息后，点触“完成”按钮（见图3-14）。随后，你就能在“我的微店”中看到经过修改或完善后的商品信息了（见图3-15）。

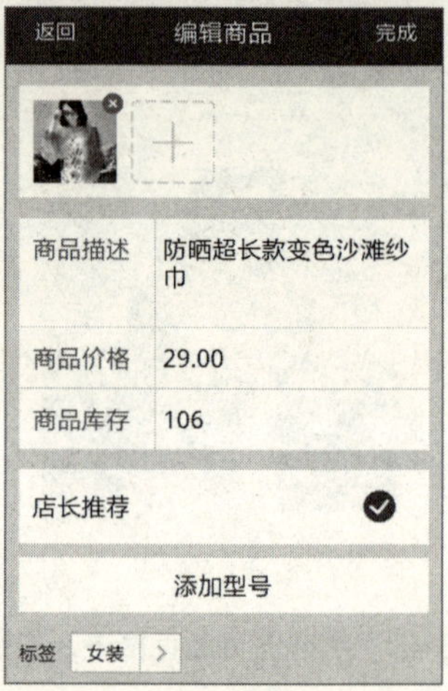

图3-14　修改商品信息

图3-15　修改或完善后的商品信息

一般来说，添加完一件商品后，我们要先预览一下，如果没有问题，可以点触“返回”按钮，继续添加商品。一旦发现商品信息有问题，可以及时进行修改和完善。这样才能保证你的每一件商品都以最佳状态呈现在消费者面前，为提高商品销量打下基础。

↗微店中的商品如何分类

微店中的商品数量足够多以后，就需要对商品进行分类管理了，否则就会让你的微店看上去很杂乱。目前，对微店中的商品进行分类，需要在电脑上登录手机微店的网页版进行操作。

下面介绍一下为微店商品分类的具体步骤。

（1）用百度搜索引擎搜索关键词“微店网页版”，并单击“百度一下”按钮，在搜索结果页面中单击“微店网页版”链接（见图3-16）。

图3-16　单击“微店网页版”链接

（2）输入个人微店的手机号（见图3-17）和登录密码（见图3-18），登录微店网页版。

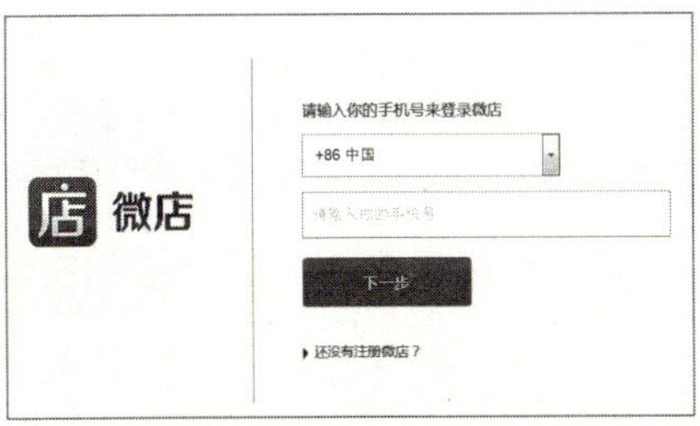

图3-17　输入手机号码

图3-18　输入登录密码

（3）登录成功后，单击“我的微店”按钮（见图3-19）。

（4）进入网页微店管理后台，单击左侧的“分类管理”标签（见图3-20）。

（5）单击“添加分类”按钮，输入要添加的分类名称和序号（见图3-21）。

（6）单击“保存更改”按钮，即可成功添加分类（见图3-22）。

图 3-19　进入微店页面

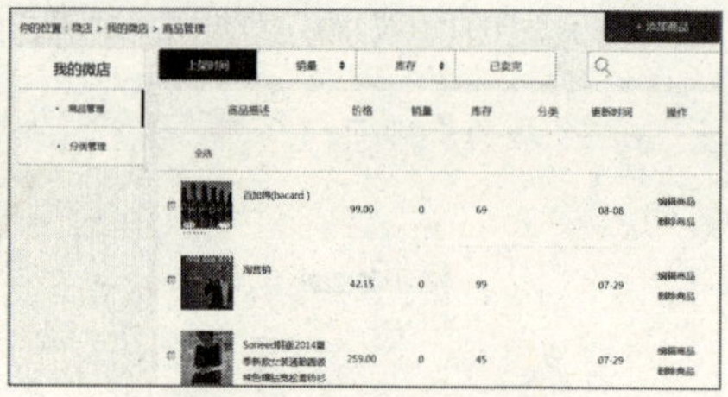

图 3-20　“分类管理”页面

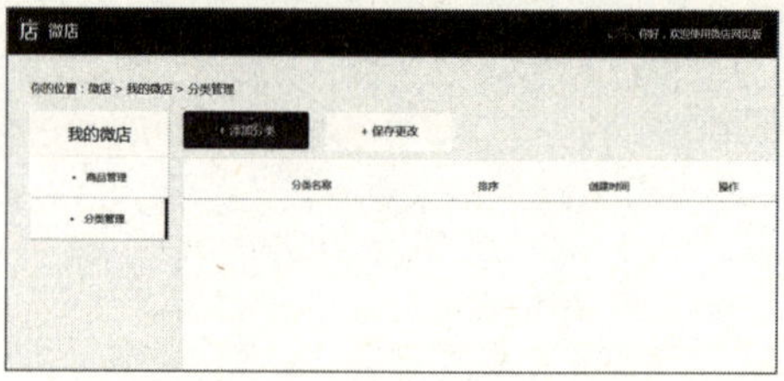

图 3-21　“添加分类”页面

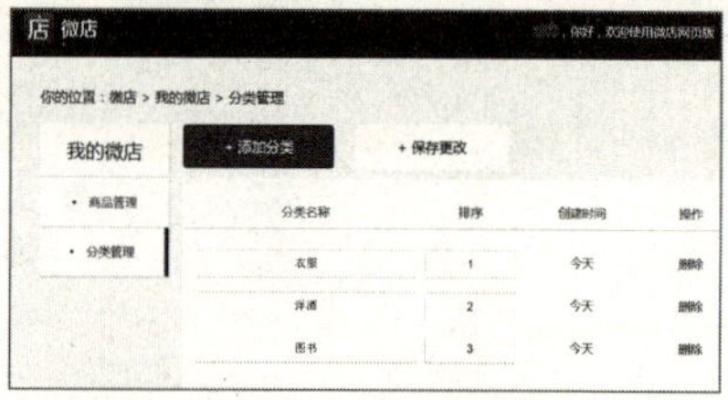

图 3-22　单击“保存更改”按钮

（7）在“商品管理”页面勾选商品，选择要加入的分类，即可把商品添加到相应的分类中，最后保存更改即可（见图 3-23）。

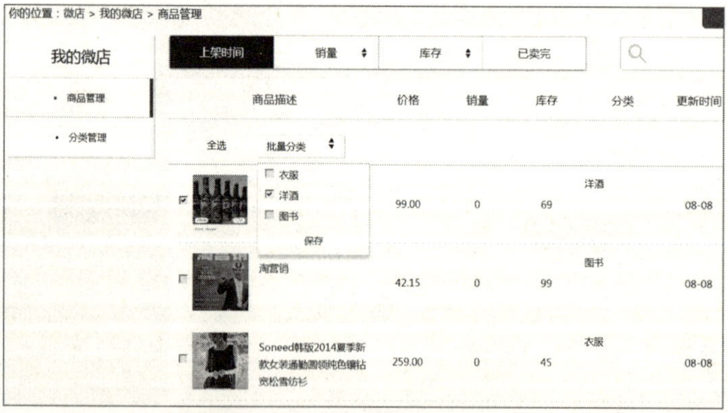

图 3-23　为商品设置分类

> **注意：** 不要在公共场所的电脑上进行商品分类等操作，以免泄露登录密码等微店安全信息，给自己带来经济损失。

对于微店商品的分类管理，建议各位店主在添加一定数量的商品后集中进行分类操作，减少操作次数，节约宝贵时间。

↗让效果图完美展示商品

在实体店，消费者是通过实际接触来评判商品质量并获得其他信息的，但在微店中，消费者只能通过图片对商品进行了解，因此，商品效果图的优劣对于商品的销售来说是至关重要的。即便你的商品不错，可效果图不理想，商品的点击率也会大受影响。

那么，怎样才算是一张好的商品效果图呢？一般来说，一张合格的商品效果图不仅可以将商品的外在形态完美地展现出来，同时，在商品与其他物品有效结合或搭配之后，依然能将商品的特性展现出来。比如，穿在模特身上的衣服要比单一展示服装的效果好很多，也更容易吸引人的眼球（见图 3-24）。因此，店家要想吸引更多的顾客前来购买，就一定要在商品效果图上多花些心思。

图 3-24　模特穿着与单一展示服装的效果图对比

那么，店家在设计效果图时，需要注意哪些事项呢？

1．商品整体效果

如果你经营的是家居、家纺等生活类用品，那么最好向顾客展示一张商品的整体效果图（见图 3-25），这样顾客就会对商品有一个直观、全面的了解。一般来说，这种富有视觉冲击力的效果图会促使顾客快速下单。

2．图片背景的选择

给商品拍照时，可以选择适合的背景来衬托商品，以突出商品的特点。比如，图 3-26 中的黑色背景就在很大程度上衬托出了珍珠项链的亮白和华美，这样的背景就可以称得上合格了。

图 3-25　家纺四件套的整体效果图

图 3-26　珠宝的背景应用

注意： 商品背景色彩最好不要喧宾夺主，否则很可能会抢了商品本身的风头，给消费者留下主次不分明的印象，从而影响成单。

3．商品配饰

配饰可以起到点缀或者衬托商品的作用，让商品看上去更有诱惑力。但有一点需要注意，在挑选配饰时要秉承与选择背景一样的原则，避免喧宾夺主（见图 3-27）。

4．真人模特的商品展示

对于服装鞋帽类的商品，最好选择真人展示。如果有条件的话，你可以邀请一些专业的平面模特来展示商品，如果你自己的形象气质与商品很吻合，也可以自己当模特。用真人展示商品，能让消费者很直观地看到商品的使用效果如何，可以在很大程度上促进成单（见图 3-28）。

图 3-27 连衣裙的配饰

图 3-28 亲子装的模特展示

5. 外景拍摄

如果你想更好地向顾客展示自己的商品，进行外景拍摄是个不错的选择。这种展示效果可以让顾客感受到一种清新自然的感觉，产生愉快的心情，进而增加其购买欲望（见图 3-29）。

6. 注意商品细节

细节决定成败，商品展示同样如此。如果你能将商品的一些细节更直观地展示给消费者，就更容易打动他们的心，获得他们的信任，从而促成交易。比如，如果你经营的是服装类商品，就要把服装的吊牌、拉链、领口、袖口等细节部分用效果图一一展示出来（见图 3-30），让消费者全面了解商品的同时也促使他们下单。

图 3-29 服装外景展示

图 3-30 衣服袖口设计细节展示图

总而言之，商品效果图能否完美展示商品，将直接影响微店的点击率和成单率。所以，赶快行动起来，为你的商品打造一幅完美的效果图吧！

第四章

微店购物流程与订单管理

商品已经上架，效果图也已经准备妥当，下面你就可以静候顾客上门了。不过，在这之前，作为店主，你应该先在自己的微店中体验一下整个购物流程，这样在消费者咨询的时候才能给出让他们满意的答复。另外，开了微店，自然就会有订单产生，订单管理对店铺的经营来说也是十分重要的。

↗消费者如何进入微店店铺

人们对于任何一种新事物的接受，都必须经过一定的过程，作为新生事物的微店同样如此。无论是购物流程、购物体验，消费者作为被动接受者是需要有人指引的，而店主就要很好地充当起这个引导者的角色。

那么，消费者都可以通过哪些方式进入微店呢？

1．通过店主分享的商品或者店铺链接

一般情况下，很多店主都是通过微信、微博等社交平台来推广自己的店铺或者商品的（见图 4-1），而消费者只要点击店主分享到这些社交平台中的商品或店铺链接，就可以进入店铺，这是消费者进入店铺最常见的一种方式。

2．通过扫描店铺二维码直接进入店铺

（1）进入“我的微店”页面后，点触店招或者微店名称，找到“二维码”图标并点触它（见图 4-2）。

图 4-1　通过社交平台发送商品或店铺链接

图 4-2　点触“二维码”图标

（2）点触之后，即可生成微店二维码（见图4-3），接下来点触右上角的三个小点，即可进入如图4-4所示的页面。

图4-3　微店二维码

图4-4　分享微店二维码页面

（3）点触“分享我的微店二维码”按钮，即可向各种社交平台发送微店二维码了（见图4-5）。

（4）消费者收到微店二维码后，可以先将二维码照片保存在自己的手机中，然后打开微信的“扫一扫”，点触右上角的三个小点，选择“从相册选择二维码”选项（见图4-6），即可进入店铺。

图4-5　向社交平台发送微店二维码

图4-6　相册中的微店二维码

3．通过口袋购物 APP 搜索店铺名称

运用这一方式进入店铺的前提是买家的手机已经安装了口袋购物 APP。

（1）打开口袋购物，点触搜索框（见图 4-7）。

图 4-7　口袋购物主界面

（2）搜索框内会出现两个选项，分别是“店铺”和“宝贝”。点触“店铺”按钮，并输入店铺名称（见图 4-8），买家便可进入所搜索的店铺挑选商品了（见图 4-9）。

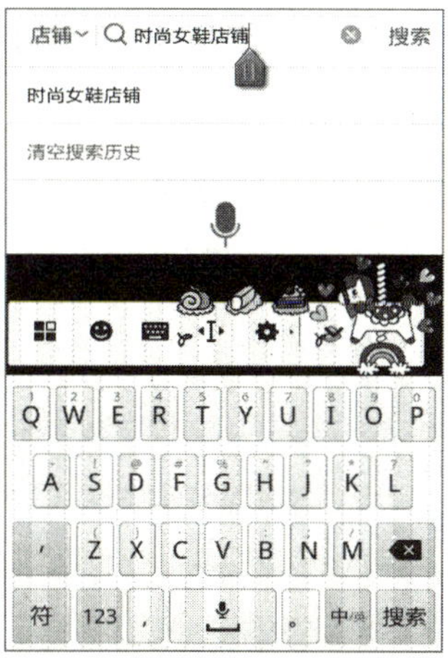

图 4-8　搜索店铺

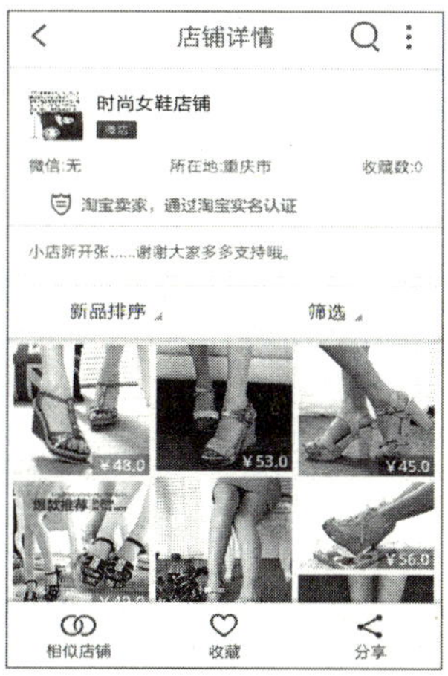

图 4-9　进入搜索到的店铺

（3）如果买家没有收藏过此店铺，可以点触店铺最下方的心形“收藏”按钮（见图4-10），即可收藏此店。

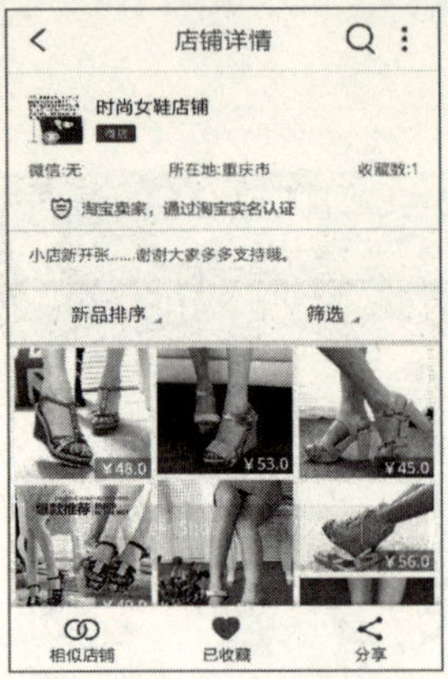

图4-10　收藏店铺

（4）随后，买家即可在预览店铺中的“我的收藏”里看到之前收藏的店铺（见图4-11）。如果你想再次光临这家店铺，直接点触进入即可（见图4-12）。

图4-11　“我的收藏”页面

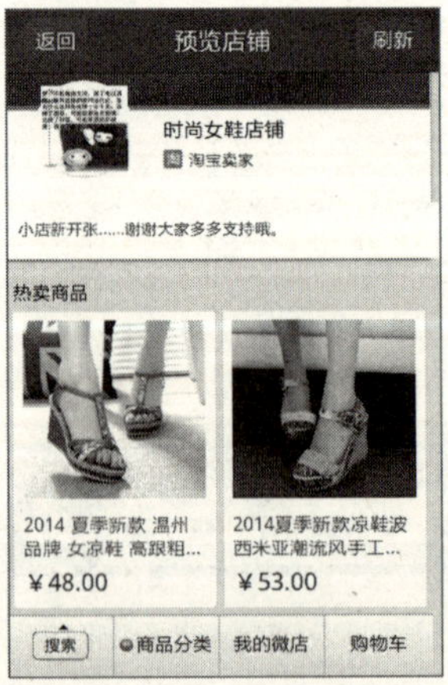

图4-12　进入收藏的店铺

4．通过微信收藏进入店铺

另外，买家还可以通过微信收藏夹进入店铺。首先，打开自己的微信，然后点触右上角三个小白点（见图 4-13），就会出现多个选项，点触“我的收藏”选项（见图 4-14）就会进入到收藏店铺的页面（见图 4-15），然后再点触已收藏的微店就可以直接进入收藏的店铺了（见图 4-16）。

图 4-13 微信收藏店铺页面

图 4-14 “我的收藏”选项

图 4-15 找到已收藏的微店

图 4-16 进入收藏的店铺

以上就是买家进入微店的几种常见方式，各位店主了解这些方式之后可以亲自体验一番。这样可以让卖主获得不同的体验，以便在日后推广店铺时进行相应的改进，从而获得更多的客源。

↗消费者的收件地址如何填写

如果买家是第一次在某家微店购物，选中商品并将其加入购物车后，就要填写收货人信息了。下面我们就来详细讲一讲如何填写收货人信息。

1．进入填写页面

买家将商品加入购物车后，即可填写收货人信息（见图4-17），其中包括“收货人”“手机号码”“省份”“城市”“地区”和“详细地址”等信息。

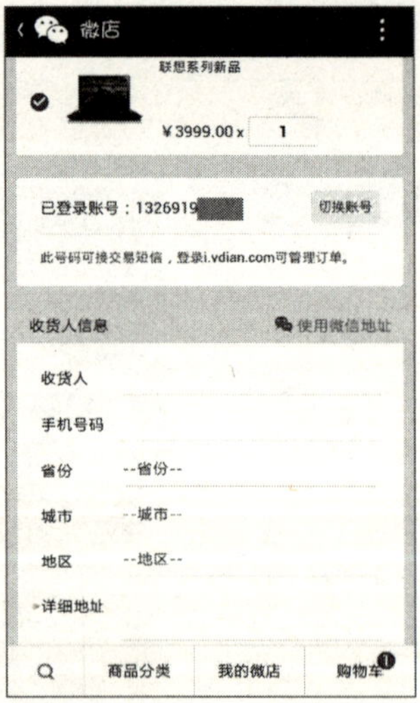

图4-17　收货人信息页面

2．更改收货人信息

填写好完整的收货人信息后，买家以后再进入同一平台的店铺购买东西时，就不用再填写收货人信息了，除非收货人信息有所变动，比如收货人的详细地址变了。

如果想变更收货人信息，买家可点触购物页面下方的“我的微店”按钮，然后点触“收货地址”图标（见图 4-18），再点触“添加新地址”按钮（见图 4-19），即可填写新地址信息（见图 4-20），然后点触“确定”按钮即可。如果以后会经常用到这个地址，可以点触“设为默认地址”按钮，将其设为默认地址（见图 4-21）。

熟悉了收货人信息的填写方法之后，在客户进行相关咨询的时候，店主就可以为他们作出详细的解答了。

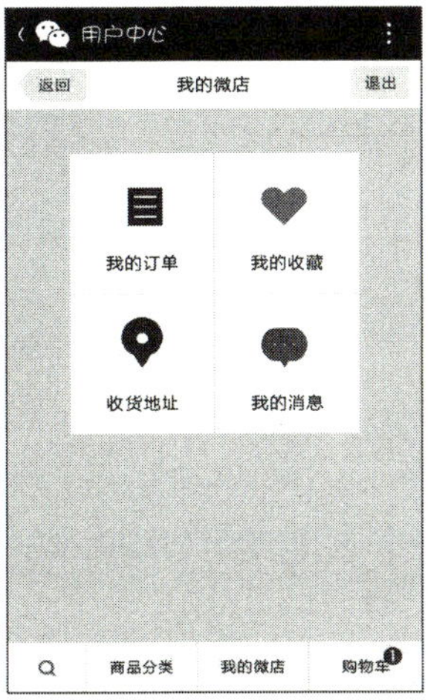

图 4-18　点触“收货地址”图标

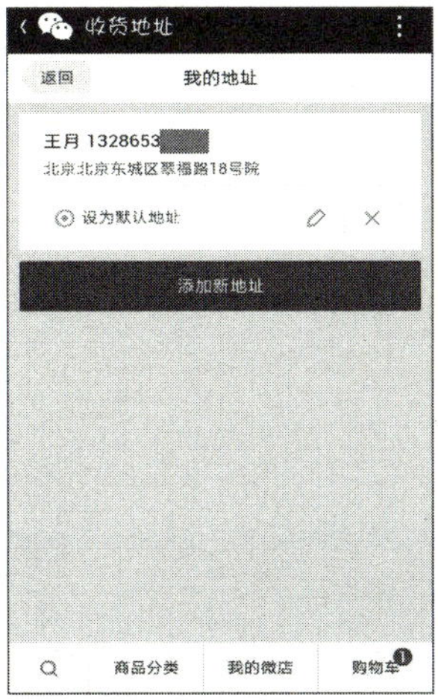

图 4-19　添加新地址

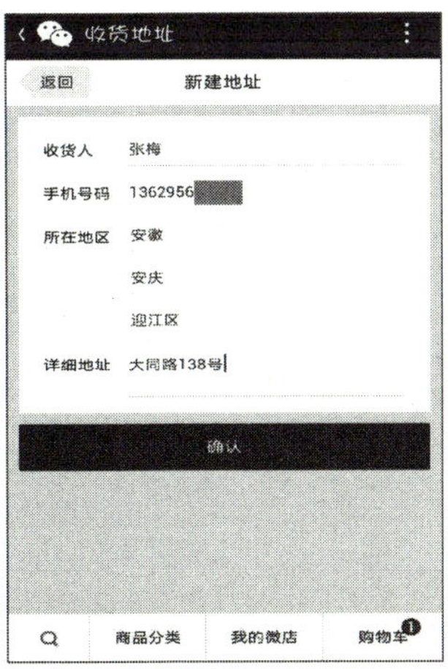

图 4-20　新建收货人地址

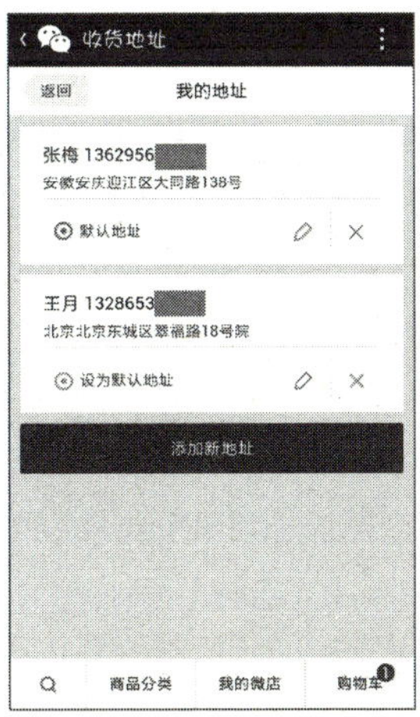

图 4-21　将常用地址设置为默认地址

↗购物的结算支付程序

买家将收件人信息填写完毕之后，接下来就进入购物的结算支付程序了。下面我们就来详细讲一讲买家购物过程中这最后一道程序。

1．去结算

当买家将店铺中的商品加入购物车后想付款时，可以点触“去结算”按钮（见图 4-22）。

2．确认结算

这时候就会进入结算页面，页面上方会显示你刚才所选的商品，确定其数量、价格信息之后，向下滑动页面，点触“结算”按钮（见图 4-23）。

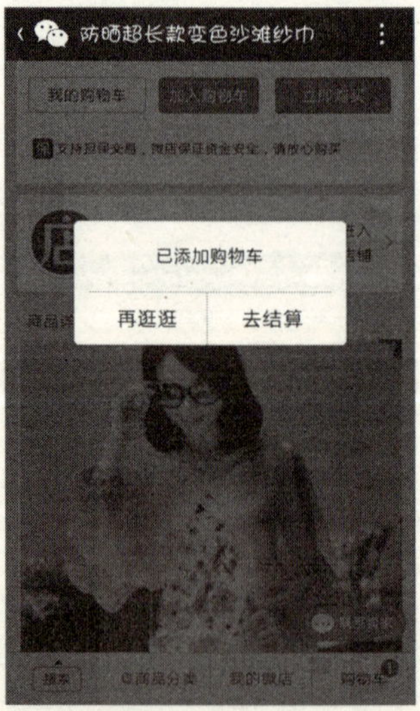

图 4-22　点触“去结算”按钮

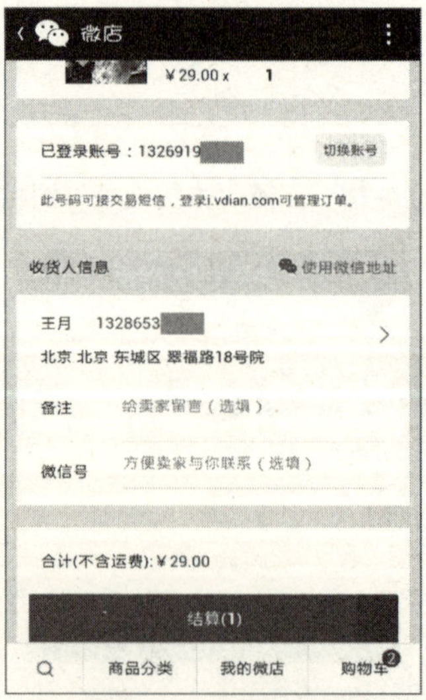

图 4-23　结算页面

3．确认订单

确认结算后，便会进入“确认下单”页面（见图 4-24），其中第一栏是“收货人信息”，第二栏是“选择支付方式”，你可以选择最方便的支付方式（见图 4-25）。选定一种支付方式之后，向下滑动页面，点触“提交订单”按钮即可（见图 4-26）。

图 4-24 “确认下单”页面

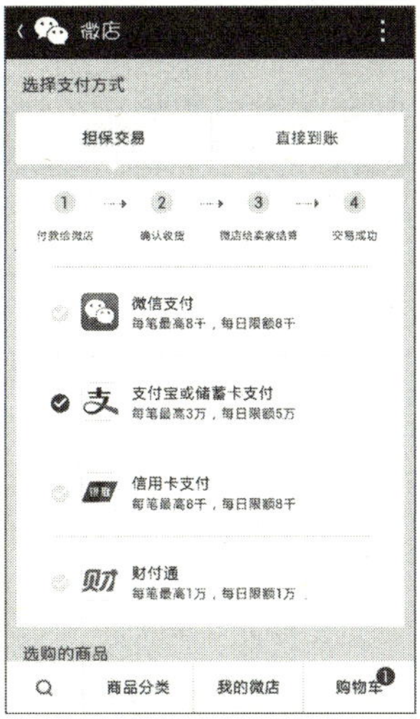

图 4-25 多种支付方式

图 4-26 提交订单

4．根据所选支付方式进行支付

（1）如果你选择的支付方式是“支付宝支付或者储蓄卡支付”，那么在点触“提交订单”按钮之后就会进入相应的支付页面（见图 4-27）。如果你有支付宝账户，直接填写支付宝账户和支付密码即可支付。如果你没有支付宝账户，可以选择“信用卡快捷支付”或“储蓄卡快捷支付”。

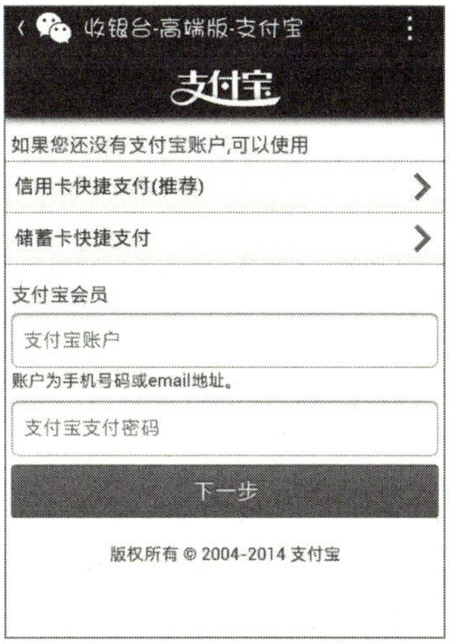

图 4-27 支付页面

（2）微店支付功能支持多家银行的储蓄卡，选择其中一种储蓄卡银行，然后点触它（见图 4-28），即可进入该银行储蓄卡页面，然后依次填写银行卡号、姓名、身份证、手机号等信息，最后点触“确定”按钮即可（见图 4-29）。

5. 支付成功

点触“确定”按钮之后，即可完成支付（见图 4-30）。支付成功后，卖家便会收到相应的支付信息，接下来该订单便进入了发货等后续流程。

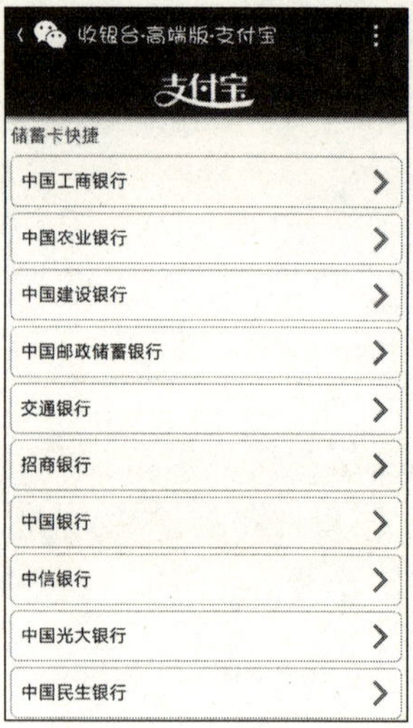

图 4-28　选择银行页面

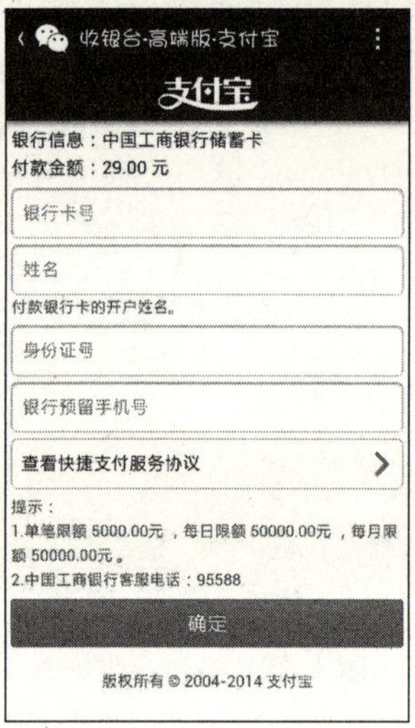

图 4-29　填写银行卡信息

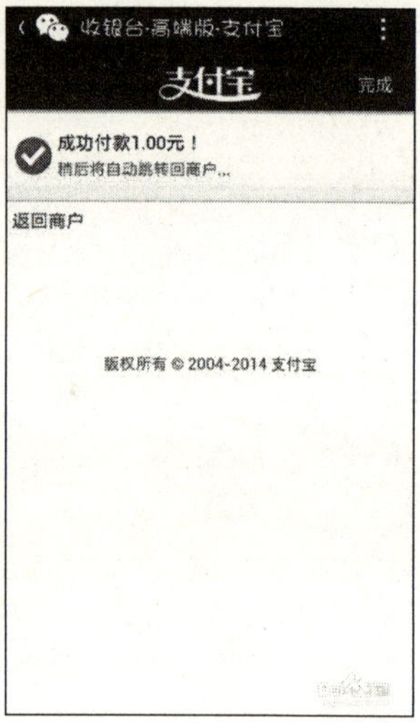

图 4-30　支付成功提示信息

↗微店交易六大支持

面对汹涌的微店大潮，有些人跃跃欲试，也有些人还在驻足观望、犹豫不决，因为他们心中还存在些许顾虑：虽然开微店的门槛很低，可是店开起来以后，如何装修微店？如何选择供应商？又如何发布商品和推广店铺呢？如果你担心这些问题，说明你对微店了解得还不够透彻，其实微店平台早已为想创业的人考虑到了这些问题，比如，微店网为了让广大店家更好地开店，提供了如图 4-31 所示的六大支持。

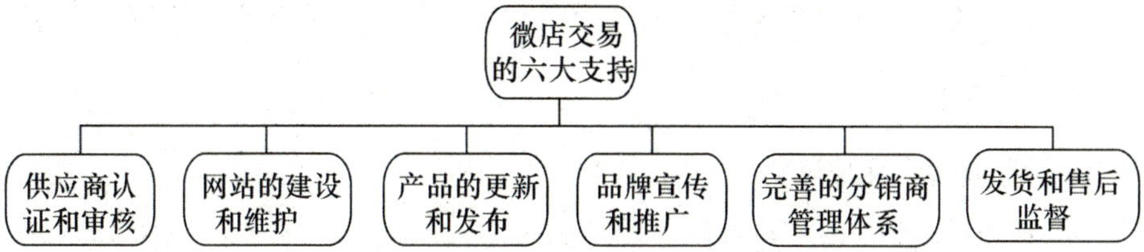

图 4-31　微店交易的六大支持

1．供应商认证和审核

微店平台创始人早已意识到，如果想吸引更多有实力的供应商入驻，除了给他们提供一个赚钱的平台外，更关键的是要为他们提供更多便利和优惠条件。反过来说，如果供应商想入驻微店平台，也需要符合两个条件：第一，必须是正规厂商；第二，相关手续齐全。符合这两个条件之后，微店平台将免费为厂商做好一切烦琐的认证和审核程序。经过微店平台的认证和审核，店主就可以放心地选择想要售卖的商品了。

2．网站的建设和维护

网站是为广大网民提供各种信息服务的重要窗口，同时也是传达店铺形象的重要途径，因此，许多店主对网站都十分重视。但是，因为网站建设会涉及网站内容、风格、版面布局以及主页设计等专业问题，除非店主本身是设计师，否则肯定要花钱请设计师。对此，微店平台已经贴心地为店主们解决了这个问题，免费为店主提供了这项服务。

3．产品的更新和发布

对于第一次开店的新手店主来说，很可能会对产品的更新和发布流程感到陌生，不知道从何下手。产品的更新和发布是一件相对烦琐的工作，需要店主花时间和精力去学习相关技巧，因为这对于提高商品的点击率和成交率十分重要。不过，一些新手店主往往因为技巧不过关而遭遇“审核不通过”的情况。

对于这个问题，微店平台也已经为广大店主们提供了一整套流程的解决方法，因此无需再担心。

4．品牌宣传和推广

有效地进行品牌宣传和推广，不但能快速获得顾客的接受和认可，而且还能加快店铺的扩张速度。关于品牌的宣传和推广，微店也为广大店主提供了非常便利的条件。店主们可一键在QQ、博客、微信等社交平台向朋友圈发送店铺信息，十分方便。

5．完善的分销商管理体系

微店之所以在如此短的时间内吸引成千上万家品牌厂商入驻以及数以千万计的用户注册，归根结底是因为微店平台完善的分销商管理体系（见图4-32）在发挥作用：你介绍其他人来开微店，他们就成为了你的分销商，一旦顾客在你的分销商店铺成功交易，你即可获得相应比例的推广佣金。当然，分销商越多，你获得的佣金就会越多。这种商业模式不仅为企业提供了更多销售渠道，更重要的是为广大创业者提供了一个广阔的创业平台。

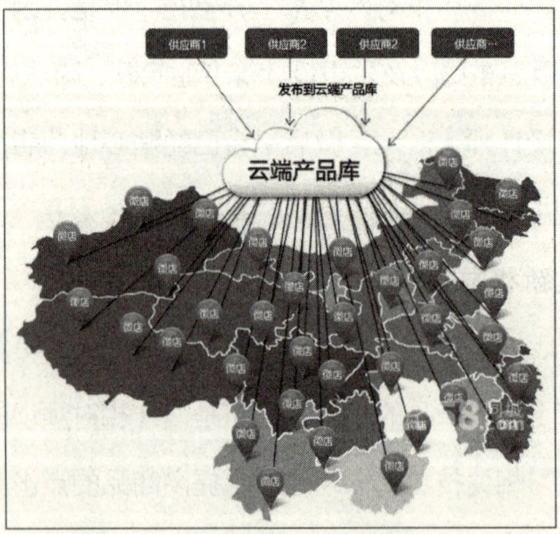

图4-32　微店完善的分销商管理体系

6. 发货和售后监督

“顾客就是上帝”，把顾客服务好了，你的微店想不火都难；可如果得罪了顾客，不要说提高业绩，想要继续存活下去都很难。服务分售前服务和售后服务。一般来说，为了促成生意，店主都会想尽办法为顾客提供优质的售前服务，但类似发货等售后服务却大多是店主无法完全掌控的，因此店主难免会担心店铺的信誉因此受到影响，进而失去顾客。不过，对于这一点店主完全不用担心，因为关于发货和售后服务这两方面问题，微店平台会做好监督。

微店平台免费提供的微店交易六大支持，为创业者们解决了开微店遇到的大部分问题。这让你的微店可以轻松上路！

↗如何进行订单管理

凡是经营过淘宝店铺的店主都知道订单管理的重要性。在日常交易过程中，经常会出现订单太多而无法及时处理的现象，因此许多淘宝店铺都有因此遭受利益和名誉双重损失的经历。与淘宝店铺相比，微店在订单管理功能方面更加完善，它将订单管理划分得更加详细，不仅可以让店家对订单详情一目了然，而且也更加方便管理。

店主登录微店后，点触“订单管理”图标，会进入“订单管理”页面（见图 4-33），它有四项子功能，分别为“已付款”“未付款”“已发货”和“已关闭”，当然还有搜索订单的功能（见图 4-34）。

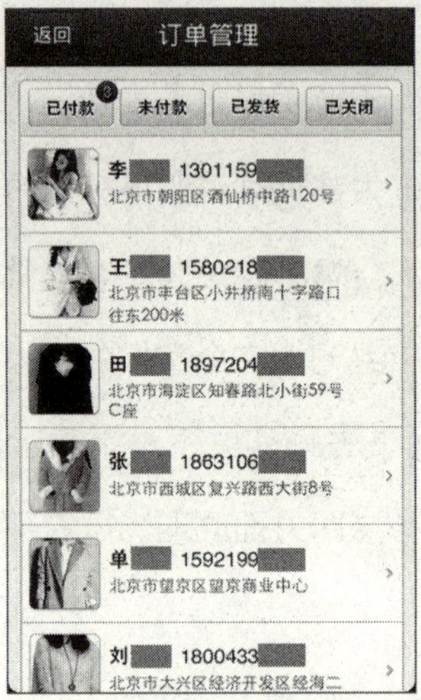

图 4-33 “订单管理”页面

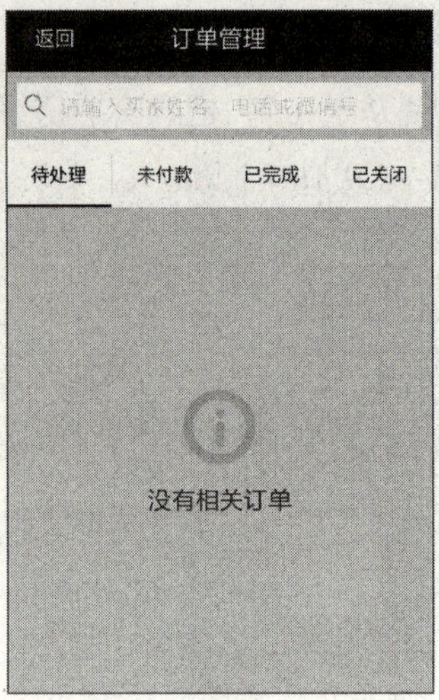

图 4-34 搜索订单功能

1. 待处理订单的管理

待处理订单（见图 4-35）就是顾客已经付款的订单（见图 4-36），即待发货订单，需要店家进行处理。一般来说，若买家已经付款，微店平台就会将待处理的订单以短信的方式自动发送至店主手机上，提醒店主尽快处理发货。

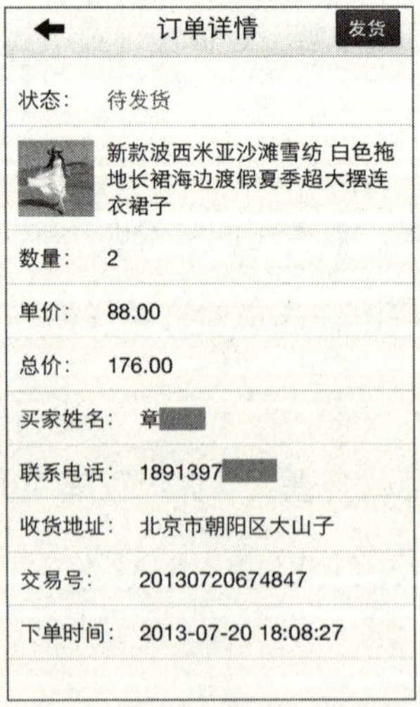

图 4-35 待发货的未处理订单

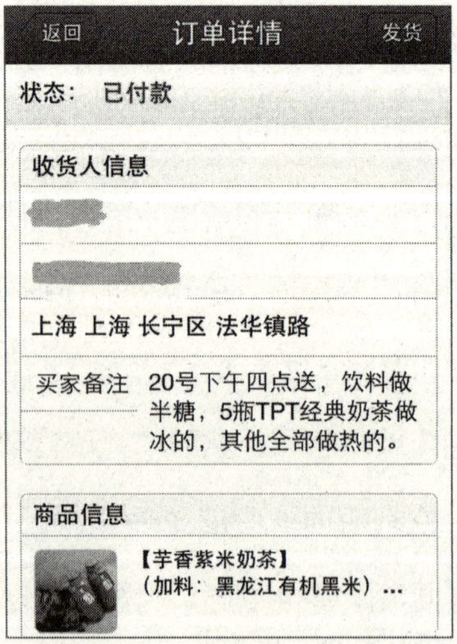

图 4-36 顾客已经付款的订单

发货有两种方式：快递和无需物流。如果顾客是你附近的朋友，你可以选择“无需物流”来处理订单（见图 4-37），然后点击右上角的“发货”按钮，“待处理”订单就会更新为“已完成”订单。

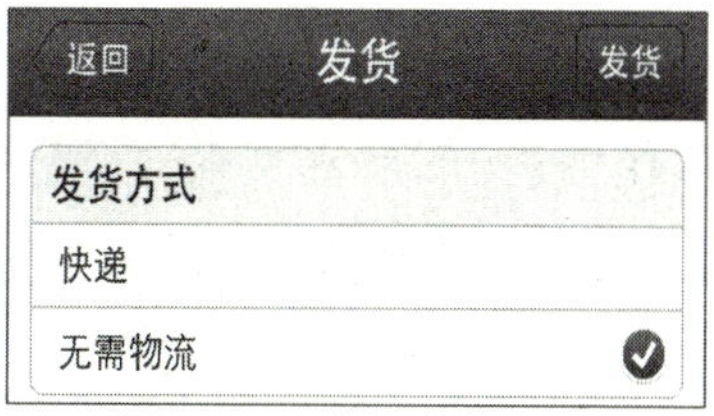

图 4-37　选择发货方式

2．未付款订单的管理

未付款订单（见图 4-38）就是那些已将收货人信息填写完整的未付款订单，这种订单同样也需店家及时处理，否则很可能会失去这种成交可能性非常高的订单。一般来说，顾客填写了信息而未付款主要有两种情况：第一种情况可能是不想买了；第二种情况可能是在支付环节出了问题，比如不了解支付流程等。这时候，店主应及时以打电话或发短信的形式（见图 4-39）与顾客取得联系（根据顾客填写信息时留下的联系方式），为顾客详细讲解支付的相关问题，这样一来就可以在很大程度上促成这笔交易。

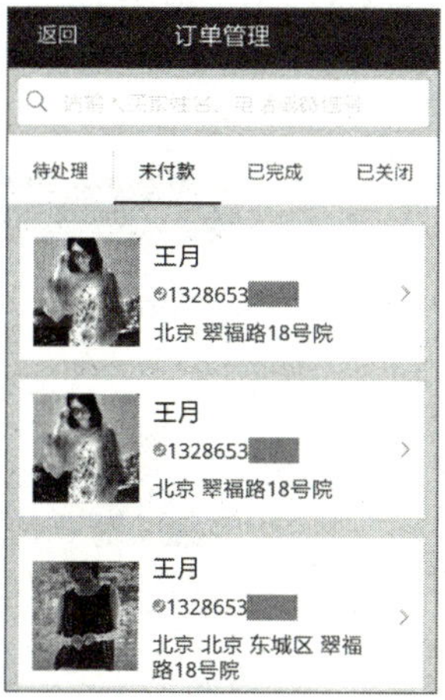

图 4-38　未付款订单管理

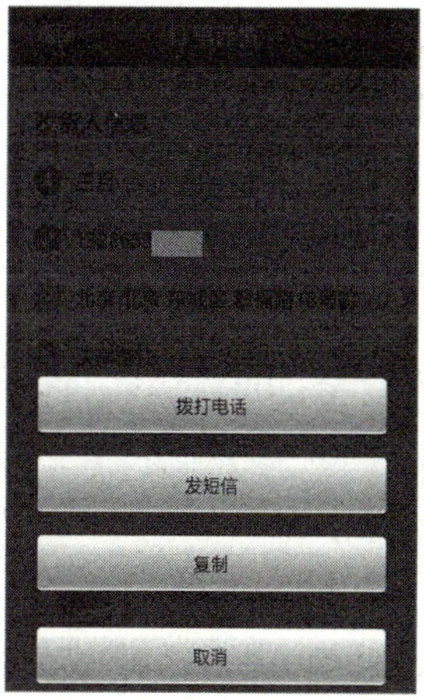

图 4-39　联系顾客的方式

3．已完成订单的管理

已完成订单就是店主已经处理过的已付款订单（见图 4-40），即已进入发货流程的订单。这时候，店主应该积极应对顾客对于商品物流的相关咨询。比如，使用搜索功能，在搜索框里输入收货人姓名、手机号码或微信号，即可搜索到相应顾客的订单信息（见图 4-41）。

图 4-40　已完成订单

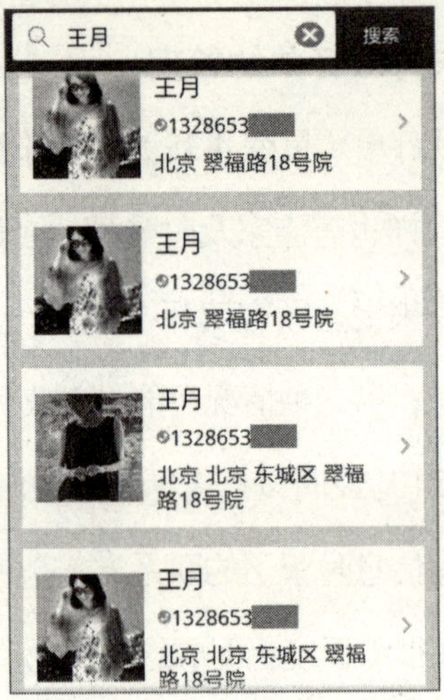

图 4-41　搜索顾客订单

4．已关闭订单的管理

顾客在一天内未支付的订单，就会自动转到“已关闭订单”页面中（见图 4-42）。如果店家没有及时处理未支付的订单，可以在已关闭订单中进行查询。对于那些没有填写完整的收货人信息而已关闭的订单无需处理，对于那些已经填写完整收货人信息的订单，店家则必须主动联系，询问顾客具体情况，然后作出相应的处理，以促成交易。

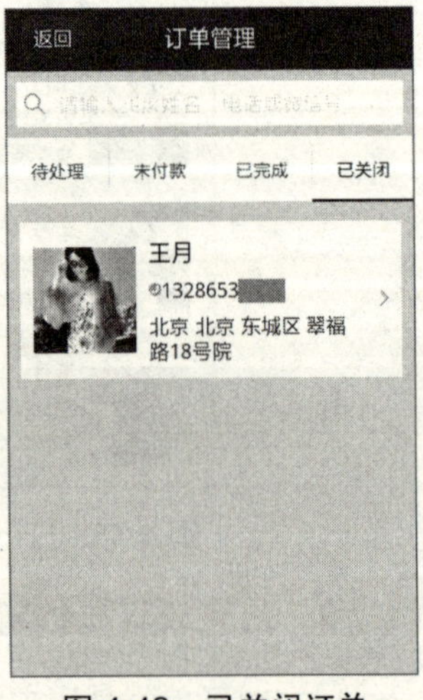

图 4-42　已关闭订单

5. 一键导出订单

一般来说，如果订单不多，店主可以直接在手机上进行处理，但如果订单很多，或者需要第三方代发货，则可登录微店网页版进行处理。

点击微店网页版中的“订单管理”，就可一键导出订单的 Excel 表格；接下来选择订单日期，勾选订单类型；然后按照表格快速打印快递单；如果需要第三方发货，店主可以将快递单发送给对方，当对方完成发货并将物流公司以及相应的物流单号填写完毕后，表格就会被返回。另外，一键导出的订单还具备客户管理、分析等功能。

微店的订单管理功能能够让店家及时了解订单最新状况，比如，对已付款的订单及时发货，对已发货订单进行物流追踪等。即使你不在线，微店平台也可以将订单信息及时发送至你的手机上。也就是说，无论何时何地，你都可以掌控所有订单的相关信息。掌握这些订单管理的技巧，一定会为你带来更多生意。

第五章

获取粉丝：找到每一个潜在客户

苹果手机有“果粉”、小米手机有“米粉”、哈爸微店有“哈粉”，无数类似的事实已经证明，互联网经济的本质可以说就是粉丝经济，即谁能拥有海量粉丝谁就有资本在互联网经济大潮中成为一方霸主。因此，赶快为你的小店吸引更多的粉丝吧，如果能把每一位潜在客户都变成你的粉丝，还怕你的微店没有客源吗？

↗根据个人兴趣给自己做好定位

如果用心观察就不难发现，无论是微博红人还是微信高手，这些网络知名人士几乎都拥有一个共同的特点，即他们大多是某一个领域的资深人士，有一些虽然达不到专家级别，但在专业水平方面肯定比普通网民要高。比如微博红人于莺，她的微博之所以能够获得众多关注，与其本身是一名急诊科医师直接相关；再比如微店高手哈爸，他的微店之所以能够通过卖儿童绘本创造“日进三万三”的销售业绩，跟他曾是一名教育工作者也不无关系。

这些事实都说明，如果你想拥有自己的粉丝群，就必须成为某一个领域的资深人士。比你的粉丝多懂一些、更专业一些，那么你也有可能成为下一个于莺或哈爸。当然，如果这个领域正好是你的兴趣所在，那么一切都将更加顺利。因此，在获取粉丝之前，根据你的兴趣给自己做好定位就显得非常重要了。

那么，我们该怎样找到自己的兴趣，又怎样根据兴趣做好定位呢？图 5-1 展示了一些相关的要素，供大家参考。

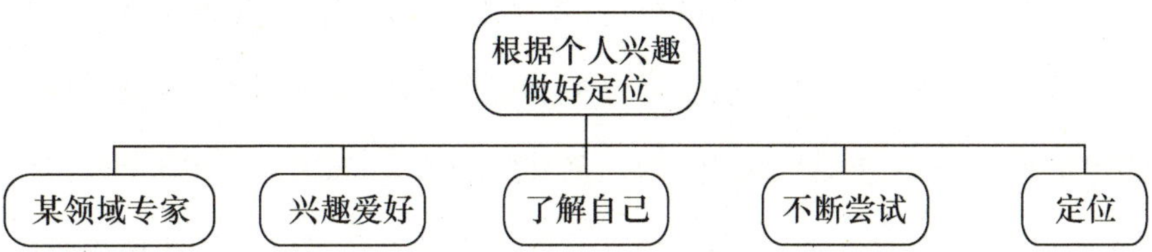

图 5-1　根据个人兴趣做好定位

1．某领域专家

如果你想成为某个领域的专家，那么你给自己定位就很简单，只要坚持在你自己的专长上不断进步就可以了。如果你没有什么专长，那么应该先找到自己的专长所在，然后在这个领域不断学习，不断进步，并持之以恒地坚持下去，那么成为这个领域的专业人士就会从不可能变成有可能。

2．兴趣爱好

或许有的人无法在短时间内找到自己的专长所在，那么也可以从自己的兴趣爱好入手。即使你的兴趣有些冷门也没关系，有时候甚至越冷门越好，因为大多数人对冷门领域的了解和关注都不多，这时候你所知道的东西就会很有价值，你也更有资本成为这一领域的专家了。退一步讲，如果你所关注的领域是前人未知的领域，从某种意义上来说这更是一件好事，因为你可以创造一个新领域。不要担心曲高和寡，在全中国乃至全世界的这么多人里面，总会有一群人与你的兴趣相似。

3．了解自己

或许你既不是某个领域的专家，也不知道自己的兴趣在哪里，那么你就要先好好了解一下自己了，多问问自己喜欢做什么或者做哪些事情更得心应手。同时，身边的人或许比你更了解你自己，所以也可以询问一下他们，让他们说一说你的优势，或者告诉你你是一个怎样的人，这样也可以帮助你自己发现自己的优势或兴趣所在。或者，你也可以思考一下，在生活中或工作中，你能够给予他人最多的是什么，然后可以朝着这个方向努力，说不定就会找到自己的优势和兴趣所在。比如，作为一名曾经的教育工作者，哈爸觉得自己在儿童阅读领域可以给家长许多帮助，而这也正是他开微店经营儿童绘本的一个主要动因。

4．不断尝试

了解了自己之后，你就可以在不同的领域进行不断的尝试，去寻找自己的兴趣（见图 5-2），给自己更多的机会，以便作出最适合的选择。正如李开复说的："找到兴趣的最佳方法是开拓自己的视野，尽可能接触众多的领域，唯有接触你才有机会去尝试，唯有尝试你才能发现你的最爱。"

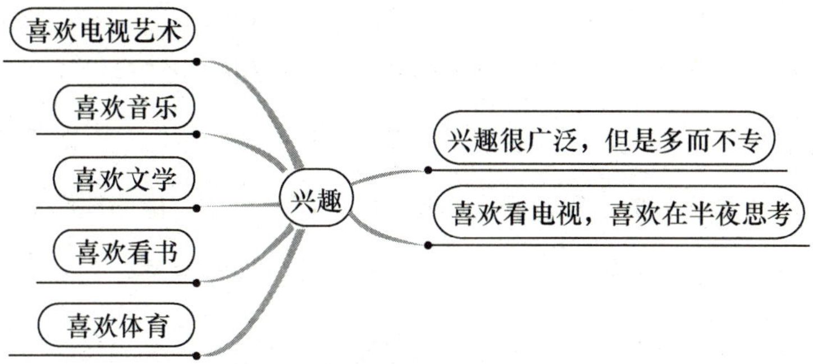

图 5-2　思考自己的兴趣是什么

5．定位

发现了自己的兴趣和专长之后，你就可以依据兴趣来为自己定位。比如，你很喜欢读书，那么你就可以把自己定位为"读书达人"。你可以把自己读过的书分类列出来，然后讲一讲自己的读书体会，也可以发表一些自己的见解或观点。当你把这些信息通过社交媒体发送出去之后，一定会吸引来大批与你有相同爱好的人的关注。这时候，你就要充分利用社交平台与他们展开积极的沟通和互动，把他们发展成为你的粉丝。当粉丝群体达到一定数量之后，你就可以开一家微店来做生意了，可以选择卖书，也可以卖其他商品。总之，有强大的粉丝团为你助阵，成为微店达人指日可待。

要想树立自己的个人品牌，找到兴趣和优势所在是一个不可或缺的环节。一旦找到兴趣和优势，就要利用一切资源和时间去学习。在学习的同时，将你学到的东西分享到社交媒体平台，便可以为你获取更多的粉丝奠定坚实的基础。

↗买家的微店购物动因

每出现一种新生事物，第一批感知和学习、运用的往往是年轻人，这一点在微店上同样有所体现。仔细观察不难发现，那些成为微店第一批粉丝的消费者，绝大多数都是“80后”甚至是“90后”的年轻群体，因为他们多半是在移动互联网环境下成长起来的，所以接受与之相关的事物总是会更快一些。而对于其他消费群体来说，面对一个了解不多的事物多半会观望一段时间，待渐渐熟悉之后才会接受。随着微店的快速发展，消费者对它的认识越来越深，渐渐地发生了从不信任到信任的转变，从而带动了微店的快速发展。

微店的相关服务越来越完善，开微店的人越来越多，在微店购物的消费者也越来越多。这时候，作为卖家很有必要弄清楚一个问题，那就是消费者在微店购物的动因都有哪些。找到了这些动因所在，就可以据此来调整自己的营销推广策略，从而吸引到更多的粉丝。

细心观察不难发现，消费者在微店购物的动因主要有如图5-3所示的几点。

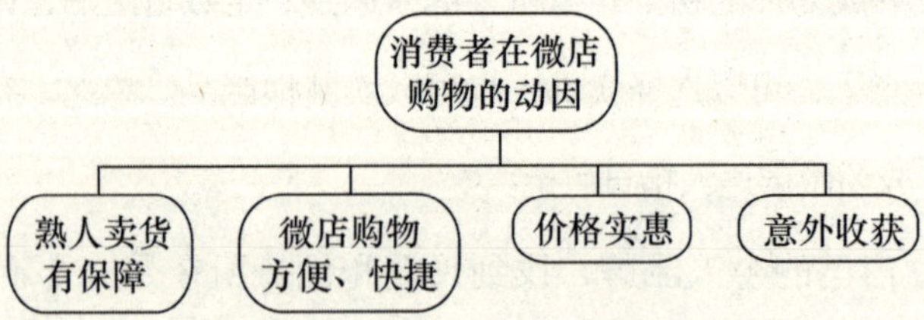

图5-3 消费者在微店购物的动因

1. 熟人卖货有保障

与淘宝店铺不同，微店是依靠微信朋友圈兴起的新生事物。在运营微店时，你可以直接向身边的朋友推荐你的微店（见图 5-4），也可以通过第三方平台来推广你的微店（见图 5-5）。总之，只要你的朋友圈够大够广，你就可以选择开微店。而对于微店的买家来说，大多数人更愿意在自己认识的朋友那里购物，主要是因为熟人卖货更有保障。

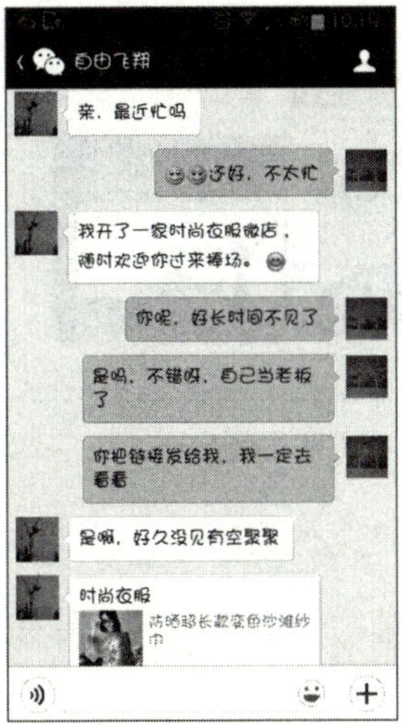

图 5-4　自己开店向朋友宣传

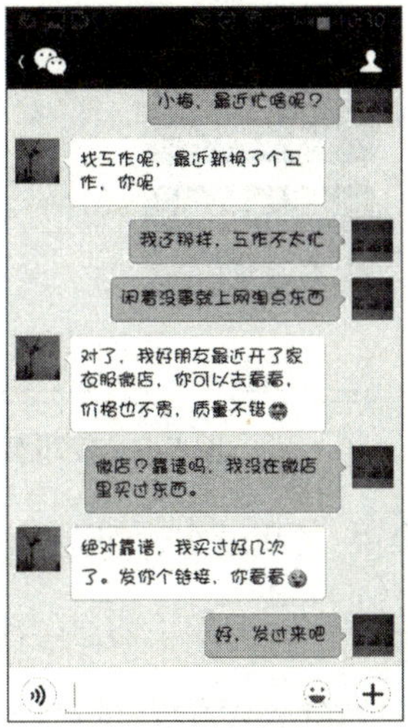

图 5-5　朋友向他人宣传微店

这种保障主要体现在以下三个方面：第一，在熟人那里买货，价格一般会很公道，有时候甚至可以买到比市场价格低很多的商品；第二，朋友一般不会卖假货欺骗自己，即使购买的商品有质量问题，也可以直接与朋友联系进行退换货，非常方便，而不会遇到像在网店退换货时遇到的难题，更不用担心遇到付了钱收不到货的事情；第三，在熟人那里买货还可以增进彼此之间的友情。要知道，微店的买家和卖家之间不仅仅是生意关系，更重要的是朋友关系，做生意的同时进一步加深双方的友谊，这本身就是一件一举两得的事情。

2．微店购物方便、快捷

在微店中购物，既不需要耗费大量的时间和精力去逛街，也不用操作电脑，只需一部智能手机就可以轻松搞定（见图5-6）。而且无论你在哪里，无论你在做什么，也无论在什么时间，只要你愿意，就可以一键买到想要的商品。

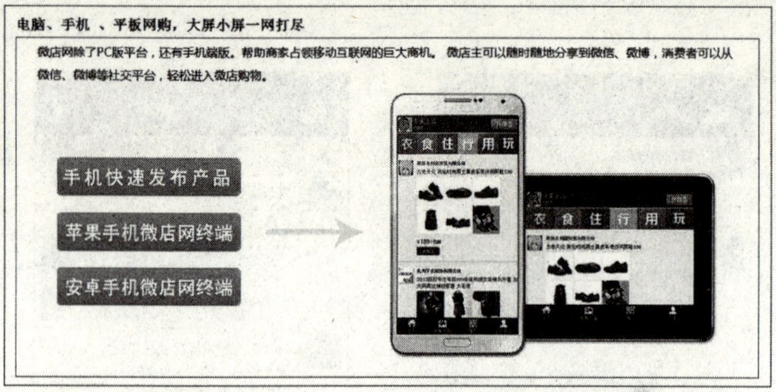

图 5-6　使用智能手机即可购买商品

或许你会说："我没有时间去关注所需商品的最新动态。"没关系，卖家会通过社交平台向你发送相关信息，比如店铺的优惠活动、商品的打折信息等，让你对随时随地轻松掌握这些信息。

另外，微店的方便、便捷还体现在其支付方式上。微店支持多种支付方式，比如微信、支付宝、信用卡及财付通等，使用这些支付方式只需一部智能手机，无需钱包，无需各种卡片，真正做到了在线付款。

3．价格实惠

微店平台为广大店主提供了很多帮助及优惠条件，有些功能甚至是免费的。入驻微店，为店主省去了很多店面租金及宣传推广费用，进而降低了商品的成本，因此，相比之下，微店商品的价格自然更实惠一些。同时，店主定期开展的一些优惠促销活动，比如限时抢购（见图5-7）、全场打折（见图5-8、图5-9）等，都是吸引买家购买商品的原因。

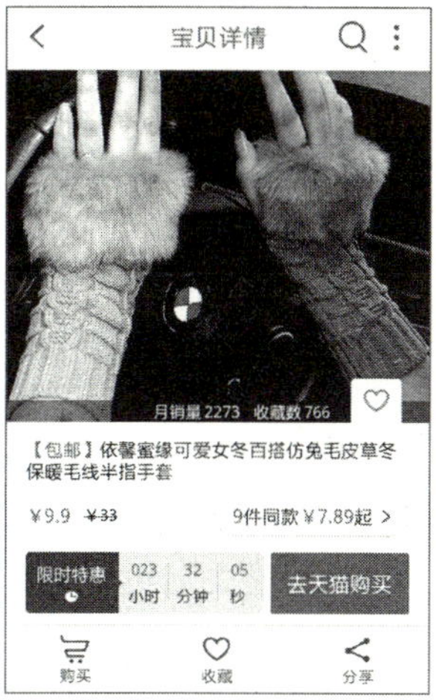

图 5-7 限时抢购活动

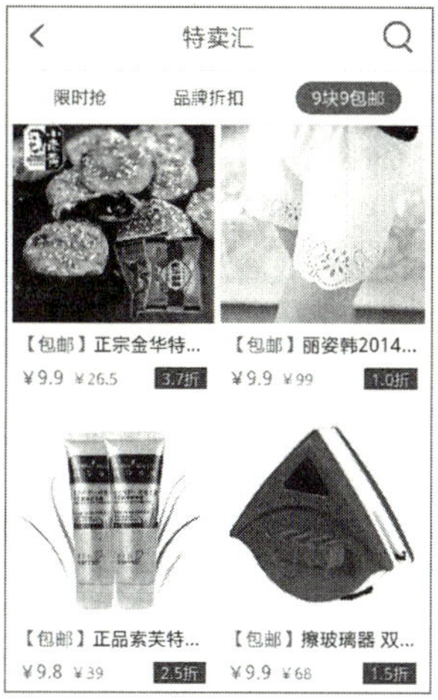

图 5-8 微店打折商品

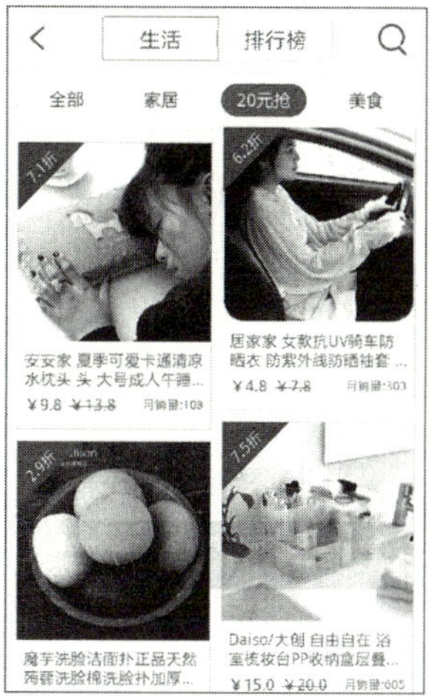

图 5-9 微店打折活动

4. 意外收获

在微店消费时，买家购买的不仅是商品，有时候还会获得一些意外的小惊喜，比如店主赠送的小礼物（见图 5-10），当然也包括店主提供的一些温馨、周到的服务，这些都会让消费者感受到店主的真诚和尊重。另外，如果买家与店主之间在社交平台上有互动，那么买家还有可能获得店主发送的一些精美文章或幽默故事，从而为生活增添不少色彩。更重要的是，通过店主论坛等平台，买家还能接触和认识更多朋友，这些都是买家在微店消费之后的额外收获，也是很多人选择在微店消费的一个很重要的原因。

图 5-10 购买商品赠送的礼物

促成消费者在微店购物的原因有许多。对于店主来说，无论消费者到你的微店购物的动因是什么，只要你能站在消费者的角度去思考并调整经营策略，自然就会受到消费者的欢迎。当然，如果能时常给消费者一些意外的惊喜，那么就很有可能收获更多的潜在顾客，从而让你的粉丝群体得到不断扩张。

↗打造个人品牌引来粉丝

利用社交平台去获取粉丝，这已经成为许多店主扩大粉丝群体的首选方式。在这个过程中，大家可谓“八仙过海，各显神通”。不可否认，这种方式还是有一定效果的，但相对来说有些被动，而且有时候会让对方很反感，甚至直接将你拉黑。所以，店主还要另外多学习一些获取粉丝的方法。

俗话说：“打铁还须自身硬。”如果你能在打造个人品牌上多花些心思，那么不用去主动争取，粉丝自然就会找上门来。

要想打造个人品牌其实不难，发展迅猛的各种社交平台可以为你提供许多支持和帮助。比如，你可以通过各种社交平台持续与他人分享高质量的信息，最简单的表现形式为一些软文，也包话语音或视频文件等。当有人开始关注你之后，你要积极主动地与他们进行沟通，内容可以针对你分享的各类信息，也可以灵活变通一些，宽泛一些，总之目的是为了能够与这些人产生共同话题，进一步拉近相互之间的关系，从而让他们成为你的粉丝。

当你利用分享的内容吸引到一定的关注之后，为了让粉丝们更了解你，你就应该将自己的个人信息更多地公之于众了，包括你的名字、职业、兴趣爱好以及人生观、价值观等。这样一来，粉丝才能更加了解你，而当你的兴趣爱好或者人生观、价值观引起了他们的共鸣时，你的个人品牌也将逐渐树立起来。利用这一方法树立个人品牌的先锋人物当属协和医院的急诊科医师于莺（见图 5-11）。

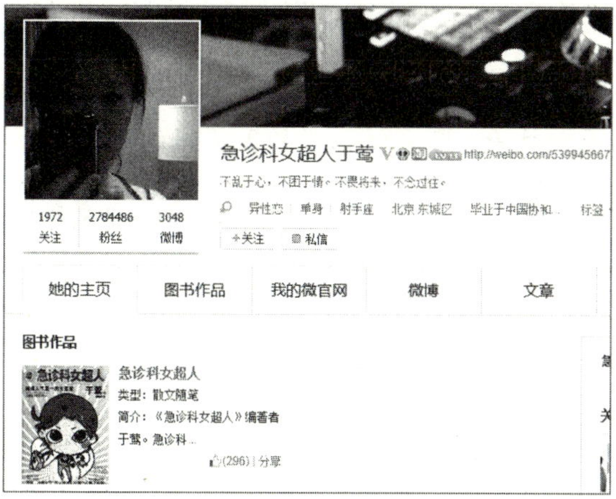

图 5-11 于莺的微博主页

28 岁那年，于莺毕业于协和医科大学，随后进入协和医院，成为了急诊科的一名主治医生。于莺平时工作十分勤奋，加班加点是经常的事儿，因此被同事们称为“女超人”。

于莺在新浪开微博的时候，其实已经过了微博最火爆的那段时期，那么她是怎样从一个普通的微博用户脱颖而出并受人瞩目的呢？她的方法其实很简单，那就是在微博讲述自己工作中的点点滴滴。或许有人会问，医院的工作无非就是一些病人病事，有什么可说的呢？即使说了，会有人感兴趣吗？事实证明，这些担心都是多余的。虽然于莺在微博记录的只是一些病人病事，但是她的讲述方式非常有趣，就像是说相声一样吸引人。比如，她曾在一篇微博里这样写道：“太平无事，半夜一点，抢救室门开，一老人一路小跑进来，边跑边喊，我要死了，我要死了，然后一头栽倒在抢救床上，呼吸心跳停止，三分钟后抢救成功，心电图提示大面积心梗。总结：第一，要有自救意识；第二，要熟悉医院的地形；第三，简明扼要地沟通异常重要，尤其是生死攸关时。”原本十分惊险的一幕，通过于莺风趣的讲述，不仅让大众了解到了鲜为人知的急诊科故事，同时还普及了科学的急救知识。当然，这只是于莺发送的千万条微博信息中的一条。

鲜为人知的医院故事、实用性很强的医学知识，加上于莺幽默、生活化的叙述，使她的微博在很短时间内吸引来成千上万的人争相阅读、评论、转载。到2014年下半年，她已拥有近280万粉丝。粉丝们之所以被吸引，正是源于于莺用她特有的方式在社交平台上建立了一个可信、有趣的个人品牌。

2013年下半年从协和医院辞职后，于莺开了一家淘宝网店。她通过微博宣传自己的网店，在短短一个月时间内就实现了60万元的销售额。

于莺的故事再一次证明互联网经济在某种程度上就是粉丝经济，同时也说明了打造个人品牌对于获取粉丝的重要性。有这样好的榜样在前方引路，你还愁找不到获取粉丝的方法吗？

↗信任自己的粉丝很关键

小米手机之所以会受到米粉们的追捧，其中有一个很重要的原因是源于雷军对米粉们的信任。在小米手机的研发、测试阶段，雷军始终通过社交媒体与广大粉丝持续进行互动和交流，并认真听取所有米粉们的意见和建议，还邀请其中一些粉丝参与到设计和研发中。直到小米手机上市，这种交流也一直未曾中断。雷军这样做，完全是出于对米粉们的信任，他相信粉丝群体的智慧一定会发光发热。最终，信任让他和小米手机同时获得了无数米粉的关注，为小米手机的成功奠定了坚实的基础。

雷军获取粉丝的方法其实很简单，那就是给予他们充分的信任，这一点你也可以做到。比如，在微店风格、装饰以及售卖商品的选择等问题上，积极主动地与粉丝们进行沟通，认真听取他们的意见或建议，这样做不仅可以让你收获许多好点子，同时还拉近了你与粉丝之间的距离，让他们对你产生足够的信任。当你与粉丝间的信任感建立起来之后，即使你的微店存在某些缺陷，比如不能搜索、没有商品评论功能等，都不会影响他们到你店里消费的积极性，这就是信任的强大力量。

而且，当你积攒了一定数量与你建立了信任关系的粉丝之后，即使你还没有的微店，一样可以做生意，而且可以做得很好。哈爸就是其中做得非常成功的一个例子。

在没开微店之前，哈爸一直是在自己的信微公众号里卖东西的。当时，他每天都会向粉丝推荐一本或一套书。如果有粉丝想要购买，就会把自己的个人收件信息发送给哈爸。哈爸收到信息后会将书包装好，然后快递给粉丝，等到粉丝收到货之后再把书款汇过来。这个过程相对来说有些烦琐，货到付款也意味着哈爸要承担一定的风险，因为难免会出现货到不付款的情况。但是哈爸选择了相信粉丝，始终坚持货到付款。利用这种方式，哈爸在没开微店之前就卖出了很多书。更重要的是，他用这种方式获得了越来越多粉丝的信任，而这也为他日后经营微店获得成功奠定了最坚实的基础。

信任是相互的，虽然哈爸在这个过程中遭受了一定的经济损失，但他却让粉丝们感受到了他的真诚，所以他们都愿意为哈爸的书买单。如果你也想把自己的微店经营得跟哈爸一样出色，就要拿出自己的真诚和信任，并让粉丝们实实在在地感受到。其实有时候，微店里卖的不仅仅是商品本身，还有你与消费者的情感，而信任则是这种情感的基础。说白了，只有消费者信任你，才会买你的东西，才会成为你的粉丝。

当你用信任为自己赢得了众多忠实的粉丝之后，还用愁生意不火爆吗？

↗使用快递包裹增加粉丝

在如何获取更多粉丝这个问题上，绝大多数人都把目光投向了各种社交平台。当然，社交平台是不能忽视的，但是在“千军万马过独木桥”的情况下，竞争的激烈程度可想而知。其实，获取粉丝的渠道有很多，比如，利用快递包裹也可以增加粉丝。

互联网经济蓬勃发展的同时，也带动了物流行业的发展。各种快递公司越来越多，信任快递公司的顾客也越来越多，自然而然，因在网络上进行消费而产生的快递包裹也越来越多。这对于想要获取粉丝的店主来说，无疑是一个潜在的巨大市场，尤其是二维码被广泛应用到快递包裹单上以后，如果能够好好地加以利用，一定会给店主带来许多惊喜。

那么，利用二维码和包裹单获取粉丝都有哪些具体的方法呢？

（1）将二维码不干胶粘贴在快递袋外部、商品外包装等位置。

（2）直接在快递包裹外包装印制二维码，也可在制作外包装箱时，直接在包装箱上印制二维码（见图 5-12），还可以把二维码印在快递单上（见图 5-13）。

当然，也可以把二维码印在用户手册上。

图 5-12　包装箱上的微店二维码

图 5-13　快递单上的微店二维码

（3）店主可以设计一张小卡片，上面印上自己微店的二维码，并写上几句简洁有力的话，然后随商品一起发给每一位顾客。

（4）店主随商品向客户附送品牌期刊时，也不要错过这个好机会，可以在期刊的封面、封底等显眼位置印上微店的二维码，以此来吸引顾客的关注。

当然，除了二维码以外，不方便附加二维码的普通包裹也可以为你吸引粉丝。只不过，你要为此付出更大的真诚和耐心。有一位全职妈妈在这方面做得十分出色。

小梅原来是一位职业白领，生了小孩之后成为了一名全职妈妈。她有了许多闲暇的时间，加上身边有好几个姐妹都开了自己的微店，于是她也决定试一试。可是几个月下来，小梅的微店一直未见起色，主要是因为关注她的粉丝太少了。

怎样才能获得更多的粉丝呢？小梅经常在思考这个问题。有一天，她突然收到了一位老同学的来信，这让她惊喜万分。要知道，在这个网络如此发达的时代，手写的书信几乎已经成为了一种奢侈品。小梅由此受到启发，在接下来的日子里，每次给顾客发货的时候，她都要在里面夹一张小纸条，上面是自己亲手写的一段感谢的话（见图 5-14）。虽然只有简单的几句，却情真意切。

所有收到她感谢信的顾客都被她所感动，不仅成为了她的忠实粉丝，而且还为她的微店积极地做宣传推广。从那之后，小梅的粉丝越来越多，微店的生意也越来越红火。

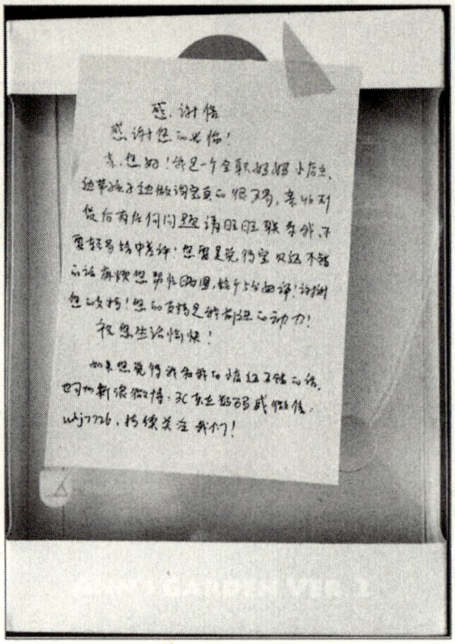

图 5-14 买家写给顾客的一封感谢信

↗获得粉丝的喜爱有技巧

店家之争，无非就是粉丝之争，正所谓“得粉丝者得天下”。但是，粉丝的数量与你微店的成交量并不是绝对成正比的。也就是说，粉丝的数量只是微店获得成功的一个基础，把他们真正转化成客户甚至是微店的推广者才是关键。达成这一目标的一个重要方法就是获得粉丝的喜爱。

虽然有许多人关注了你的微店，但这并不代表这些人都信任你、喜欢你或认同你，有时候他们可能是因为看了你发的一个帖子产生了共鸣，或者你店铺的装修风格正好是他们喜欢的，或者只是单纯地喜欢你的店铺名称。从本质上来说，这些关注你的人只能算是你的潜在粉丝，而要想让他们成为你真正的粉丝，即为你的微店买单的粉丝，就要获得他们的喜爱和认同。

那么，如何获得这些潜在粉丝的认同和喜爱呢？图 5-15 展示的几种方法可供大家参考。

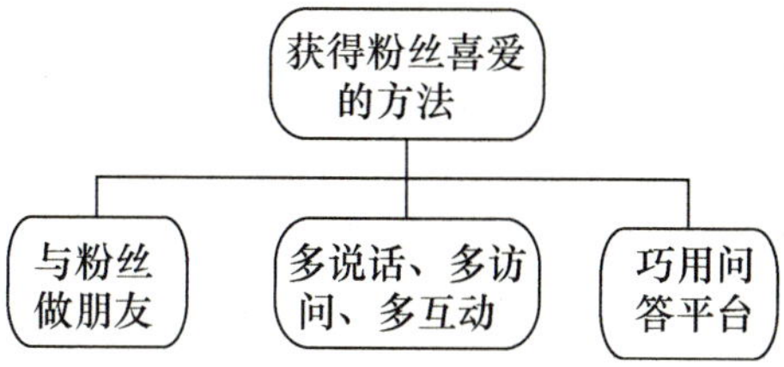

图 5-15　获得粉丝喜爱的方法

1．与粉丝做朋友

成为朋友的基础，自然是相互之间信任和欣赏。因此，如果想要获得粉丝的喜爱，就要把他们变成你的朋友。交朋友的方法有很多，以诚相待是永不过时的一种方法。平时店主可以利用社交平台多与粉丝沟通，除了生意还可以聊许多其他话题，无论是生活中的还是工作中的。另外，当粉丝遇到困难时，也要尽可能地给予相应的安慰和帮助。久而久之，你的真心相待他们一定会感受到，也会自然而然地成为你的朋友。

2．多说话、多访问、多互动

在移动互联网时代，“酒香不怕巷子深”的说法已经不太成立了。如果你只是关起门来默默地打理自己的小店，把粉丝当成顾客，除了一些基本的介绍，其他的话一句都不多说，不要说获得粉丝的喜爱，恐怕连一个粉丝都很难留住。如果你在与顾客交流时，多说几句，多了解一下顾客的真实需求，多给他们提供一些实用的建议，甚至聊几句与生意不挨边的家常，都可以拉近你与顾客之间的距离，还可以让顾客对你产生好印象；直至认同你、喜爱你，最终成为你的忠实粉丝。

另外，获得粉丝喜爱还有一个好方法。俗话说得好，来而不往非礼也，既然粉丝已经关注了你，那你也可以反过来关注他们。你可以通过社交平台去访问他们的QQ空间，了解他们的动态，与他们积极互动。

这些方法可以拉近你和粉丝之间的距离，增进彼此之间的感情，这样粉丝就可能成为你的忠实粉丝。即使其他店铺运用再多的营销手段，也很难改变他们对你的信任和喜爱。

3. 巧用问答平台

现在网上有许多问答平台，网友们在上面提出各种问题，其他网友纷纷前来解答（见图5-16）。在这一问一答之间，有些人就互相成为了粉丝。所以，要想获得粉丝，这也是一个不能错失的平台。

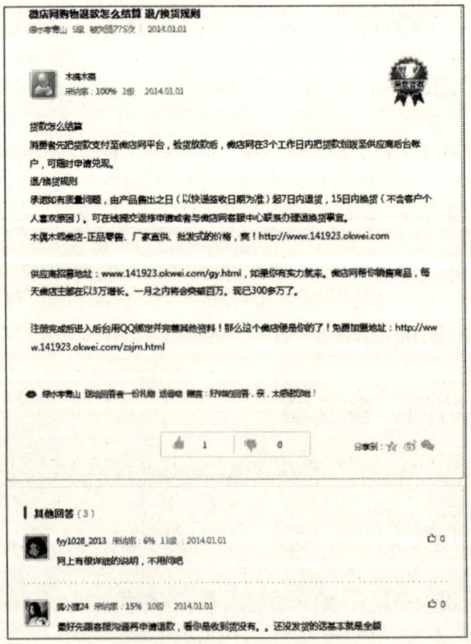

图 5-16　问答平台

在这里，不仅可以获得粉丝，还可以让粉丝喜爱你。比如，当你积极关注他们提出的问题时，当你为他们解答了一个很专业的问题时，当他们为你解答了某个问题，你向他们表示感谢时，这都是拉近彼此情感的好机会。如果你能够把握住这些机会，获得越来越多的忠实粉丝就不再是难题了。

从某种意义上来说，粉丝不在于多而在于精，只有真正的忠实粉丝才能成为你的忠实客户，才会为你微店里面的商品买单。所以，在追求粉丝数量的同时，更不要忘记利用各种方法获取粉丝的喜爱，这是比获取更多粉丝更重要的事情。

第六章

粉丝互动：让喜欢你的人爱上你的产品

对于微店店主来说，拥有粉丝不是最终目的，最终目的是要把粉丝变成你的顾客，甚至是你的分销商。而要想达成这一目标，与粉丝的互动就必不可少。互动可以拉近你与粉丝之间的距离，让粉丝从信任你这个人转化为认可你的产品，最终成为你最忠实的顾客。

↗互动是沟通的基础

微博是由博客衍生出的“陌生人文化”的载体，更接近于大众传媒，而微信是由 QQ 衍生出来的“熟人文化”的载体，更接近于小众交流平台。“熟人社交”的重要性要远大于“陌生人社交”，所以这正是微博在用户黏性方面无法超越微信的原因所在。将这一理论运用到微店的经营中，我们可以总结出这样一条准则：用微博来吸引粉丝，用微信来培养忠诚的粉丝，然后才能实现让微店品牌深入人心的目标。当然，要实现这个目标，店主与粉丝双方的沟通是必不可少的，而互动是沟通的基础，没有互动的沟通，只能算是信息的单向传达。

在实际的微店经营中，许多店主在粉丝和互动之间，更在意粉丝，对互动却有些漠不关心。在这些店主看来，最重要的是想方设法获取粉丝，只要粉丝数量越来越多，就不愁自己的微店没有顾客。然而实际情况却是，有许多店主虽然粉丝数量不少，但是真正成为其顾客的却并不多，主要原因就是店主与这些粉丝之间缺乏互动，因而没有产生对粉丝的影响力，没能让粉丝认同其个人品牌。所以说，如果不能与粉丝进行积极的互动，以达到沟通的目的，那么即使拥有再多的粉丝也无济于事。哈爸的经历很生动地说明了这一道理。

在没开微店之前，哈爸曾是某门户网站图书频道的负责人，后来专职做自媒体，并同时运营着两个自媒体，一个是腾讯媒体开放平台上的“哈爸哼妈”，另一个是微信公众账号“经典绘本”。如果单从粉丝数据上来看，“哈爸哼妈”明显高于“经典绘本”。“经典绘本”做了13个月，只获得了4.8万订阅用户，而“哈爸哼妈”只用了半年时间，订阅用户就达到了12万。

后来的事情大家都知道了，哈爸开了微店，而且相当成功。但有一件事大家或许并不知道，那就是哈爸微店的粉丝几乎都来源于其微信公众号“经典绘本”。换句话说，虽然“哈爸哼妈”拥有10多万粉丝，但是在哈爸微店的经营中却基本没起到什么作用。表面上来看，这两个平台的粉丝群是相同的，都是妈妈们，那为什么在哈爸的微店经营中所起到的作用相差如此悬殊呢？其原因就在于哈爸对这两个平台的维护存在着差异。

原来，这两个平台基本上都是靠哈爸一个人在维护，可他的精力毕竟有限，不可能同时精心经营两个平台的粉丝。于是，经过对市场趋势的调研，哈爸经过慎重考虑之后，放弃了腾讯媒体开放平台，而选择主攻微信公众号。由于没有与粉丝的互动，自然就没有与粉丝的沟通，结果便造成了“哈爸哼妈”没有对粉丝产生影响力，没能在粉丝中树立个人品牌，自然在后来的微店经营中无法获得相应支持。相反，也正是由于哈爸与微信公众号的粉丝进行了积极的互动，才最终把很多粉丝都变成了忠实的顾客。

哈爸的经历再次证明了与粉丝互动的重要性。因此，作为微店店主，你要做一个有心人，要学会体察粉丝的需要，定期与粉丝进行一些有意思的活动，这样就可以拉近你与粉丝之间的距离，让粉丝了解你、喜爱你，被你的魅力所吸引。当你在粉丝中具备了这样的影响力，那么粉丝就会自然而然地爱上你的商品，成为你最忠实的客户。在这一点上，小米手机是值得大家学习的榜样。

小米成立后，曾喊出“和米粉做朋友”的口号。小米是这样说的，也是这样做的。每研发出一种新产品，除硬件是世界最先进的公司供应的外，在软件方面的各种创新功能以及在人机交互方面，都有小米粉丝的贡献。

小米非常注重用户体验。线上，他们会积极主动地与粉丝进行互动、沟通，与粉丝不断探讨与分享新产品。对于粉丝针对新产品反馈的各种信息，小米也会慎重对待，对于非常有建设性的意见或建议，他们会积极采用。如此一来，凝聚了粉丝智慧的新品一经发布，便常常会销售一空。线下，小米还会定期举办各种与粉丝的互动活动（见图 6-1），比如同城聚会等。通过线上线下与粉丝的不断互动，小米和粉丝紧紧地联系在一起，让粉丝更懂小米，也让小米更适合粉丝。雷军曾形象地将小米与粉丝的关系比喻为“因为米粉，所以小米”（见图 6-2），而事实也的确如此。

图 6-1　小米举办的与粉丝互动的活动

图 6-2　小米与粉丝之间强大的凝聚力

小米能获得这样的成功，粉丝自然功不可没。当然，这一切都是小米通过与粉丝的互动换来的。正如小米副总裁黎万强在回答“小米的秘诀是什么”时所说的：“第一是参与感；第二是参与感；第三还是参与感。”

粉丝与互动，两者缺一不可。作为微店店主，如果能把这两方面做好，想不成功都难。

↗编者注和闲谈让粉丝更了解自己

为了俘获粉丝的心，许多店主都认识到了与粉丝互动的重要性，有些店主会为微信公众号设置自动回复信息，让粉丝参与互动；有些店主会采用比较实际的优惠活动来吸引粉丝的关注；有些店主会将一些经典文章分享给自己的粉丝，与他们一起评论、探讨，这些互动方式都可以取得不错的效果。其实，跟这些互动方式比起来，粉丝更愿意跟活生生的你进行互动交流，如果你愿意将自己工作中、生活中的一些所思所想甚至是隐私曝光给粉丝，那么一定会换来粉丝的深度互动。

将自己展示给粉丝的方法有很多种，比如面对面交流，或者通过视频、语音、原创文章等。在这一点上，微信公众号“朱泽超爱讲故事”就做得十分成功。朱泽超每天都会在公众号里发布一条自己录制的语音信息（见图 6-3），然后与粉丝们进行互动。

朱泽超通过这种方法可以很好地与粉丝进行互动沟通，不过，并不是所有人都有能力通过视频、语音或原创文章来与粉丝进行互动，因为这需要一定的条件。那么，对于普通用户来说，难道就没有向粉丝展示自己的方法了吗？当然不是，其实有两个方法（见图 6-4）对于普通用户来说是十分实用的，一个是编者注，另一个是闲谈。

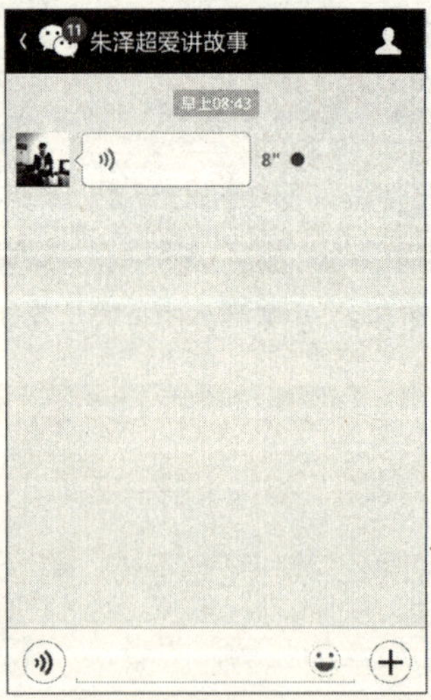

图 6-3　朱泽超每天发布一条语音信息

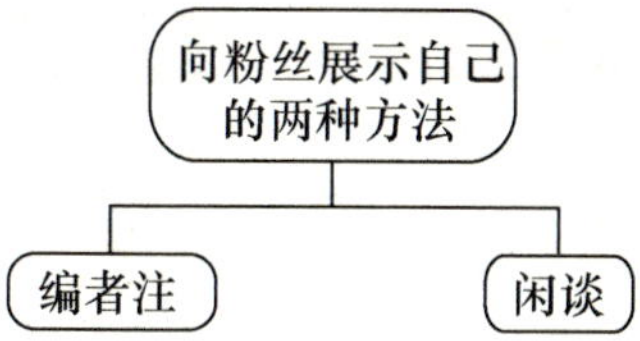

图 6-4　向粉丝展示自己的两种方法

1. 编者注

所谓编者注，就是你对某些文章进行的概括、总结或发表的一些独到见解，主要起到引导读者阅读的作用。“呼呼收音机”就是一个善于利用编者注与粉丝进行互动的公众号（见图 6-5），而且效果很好。“呼呼收音机”的编者注都加在文章的最后，主要内容是自己的读后感或者一些与文章所表达观点不同的见解。

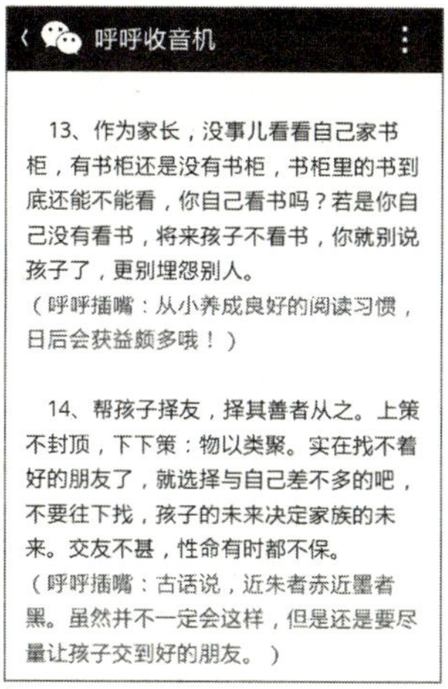

呼呼收音机

13、作为家长，没事儿看看自己家书柜，有书柜还是没有书柜，书柜里的书到底还能不能看，你自己看书吗？若是你自己没有看书，将来孩子不看书，你就别说孩子了，更别埋怨别人。
（呼呼插嘴：从小养成良好的阅读习惯，日后会获益颇多哦！）

14、帮孩子择友，择其善者从之。上策不封顶，下下策：物以类聚。实在找不着好的朋友了，就选择与自己差不多的吧，不要往下找，孩子的未来决定家族的未来。交友不甚，性命有时都不保。
（呼呼插嘴：古话说，近朱者赤近墨者黑。虽然并不一定会这样，但是还是要尽量让孩子交到好的朋友。）

图 6-5　“呼呼收音机”的编者注

另外，公众号“瑞丁老爸讲故事”（见图 6-6）也是一个善于利用编者注与粉丝进行互动的用户。与“呼呼收音机”不同的是，“瑞丁老爸讲故事”的编者注出现在文章开篇处（见图 6-7）。按道理来说，将编者注放在文章的开头更为妥当，可以让粉丝很直接地了解文章的内容和发布者的观点，提升阅读体验。

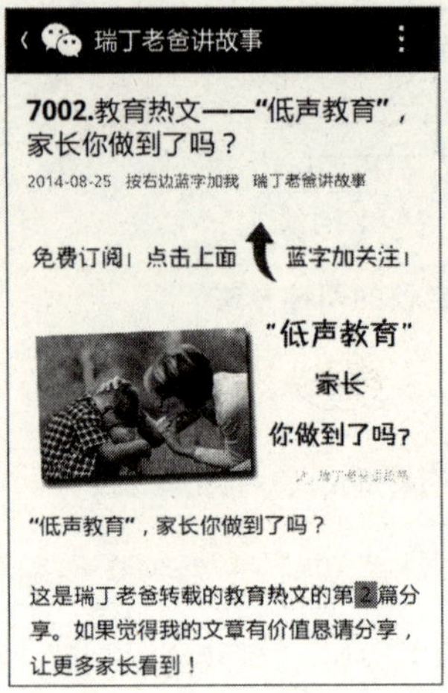
瑞丁老爸讲故事
7002.教育热文——“低声教育”，家长你做到了吗？
2014-08-25 按右边蓝字加我 瑞丁老爸讲故事
免费订阅！点击上面 蓝字加关注！
“低声教育”
家长
你做到了吗？
“低声教育”，家长你做到了吗？
这是瑞丁老爸转载的教育热文的第2篇分享。如果觉得我的文章有价值恳请分享，让更多家长看到！

图 6-6 “瑞丁老爸”的文章

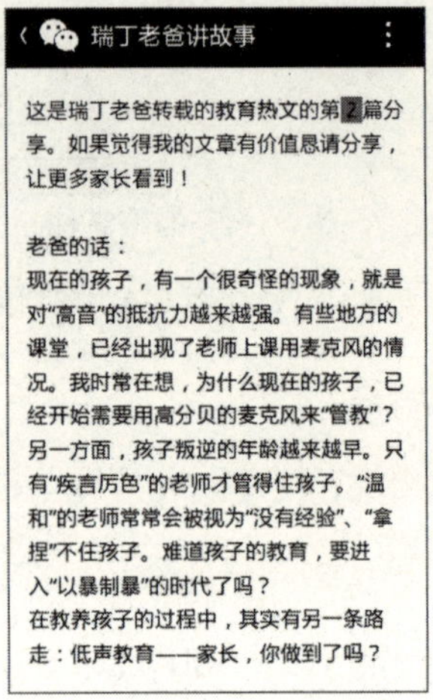
瑞丁老爸讲故事
这是瑞丁老爸转载的教育热文的第2篇分享。如果觉得我的文章有价值恳请分享，让更多家长看到！
老爸的话：
现在的孩子，有一个很奇怪的现象，就是对“高音”的抵抗力越来越强。有些地方的课堂，已经出现了老师上课用麦克风的情况。我时常在想，为什么现在的孩子，已经开始需要用高分贝的麦克风来“管教”？另一方面，孩子叛逆的年龄越来越早。只有“疾言厉色”的老师才管得住孩子。“温和”的老师常常会被视为“没有经验”、“拿捏”不住孩子。难道孩子的教育，要进入“以暴制暴”的时代了吗？
在教养孩子的过程中，其实有另一条路走：低声教育——家长，你做到了吗？

图 6-7 “瑞丁老爸”的编者注

所以，如果你自己没有写原创文章的能力，就可以利用编者注的方式去与粉丝沟通和互动，让粉丝通过编者注了解你的思想和观点。如果你的某些观点能够与粉丝契合，那么互动就会收到成效。

2．闲谈

与编者注不同的是，闲谈所涉及的范围更广一点，不仅可以是你对某篇文章的看法，也可以是某部电影的观后感，还可以是对社会热点现象的一些个人见解。用这种更加随意的方式与粉丝进行互动，可以取得非常不错的效果。

微信公众号“老秦”的闲谈就做得很成功。老秦的闲谈名为“老秦的碎碎念”（见图 6-8），他在其中发表的文字都比较直接，而且都是他的一些生活感受，语言幽默、语调轻松，可以让粉丝感受到一种在与朋友交谈的轻松感。

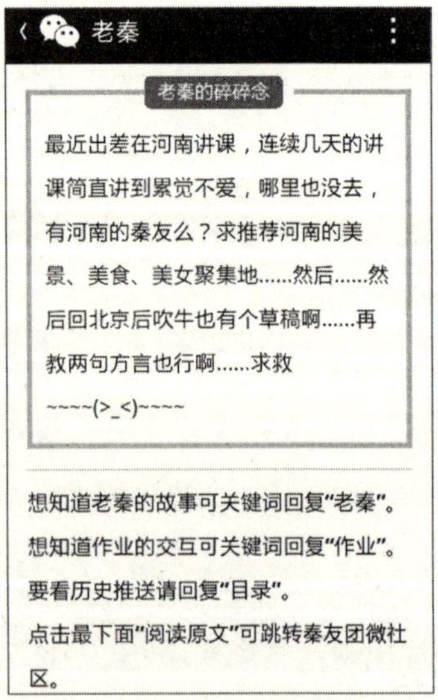
老秦
老秦的碎碎念
最近出差在河南讲课，连续几天的讲课简直讲到累觉不爱，哪里也没去，有河南的秦友么？求推荐河南的美景、美食、美女聚集地......然后......然后回北京后吹牛也有个草稿啊......再教两句方言也行啊......求救
~~~~(>_<)~~~~
想知道老秦的故事可关键词回复“老秦”。
想知道作业的交互可关键词回复“作业”。
要看历史推送请回复“目录”。
点击最下面“阅读原文”可跳转秦友团微社区。

图 6-8 老秦的碎碎念
~~~~

不过，千万不要以为闲谈只是简单的聊天，其实在闲谈中包含着许多信息。以图 6-8 中老秦的这篇闲谈为例，我们来分析一下其中都包含了哪些信息：

（1）他最近忙着在河南讲课；

（2）连续几天的演讲，让他觉得身心疲惫，所以除了演讲地，他哪儿也没有去；

（3）他希望河南的“秦友”帮忙介绍一下河南的旅游胜地以及特色美食等，以便回北京后可以向自己的朋友“炫耀”一番；

（4）求教河南“秦友”教他几句当地方言。

通过短短的一篇闲谈，老秦向粉丝们传达了许多信息，每一条信息都会吸引许多与之相关的粉丝与他互动，互动的效果自然很好。

无论是编者注还是闲谈，都可以帮助你与粉丝进行良性互动，让粉丝从认可你发展到认可你的商品，进而成为你的忠实顾客。所以，店主们很有必要在这方面投入一定的精力。

↗自定义回复让互动更有趣

与粉丝互动的方法有许多种，比如通过视频、音频，或者是通过原创文章、编者注以及闲谈等方式。这些互动方法都有一个共同点，那就是必须在线上进行和完成，但是人的精力是有限的，不可能 24 小时都在线，也很难做到长期都在线。那么，当店主不在线，粉丝却有需求时，该怎么办呢？

这里向大家推荐一个好办法，可以让你不用再 24 小时死盯着手机，那就是为微信公众号设置自动回复功能。这项功能需要你手动来设置，但操作起来非常简单，粉丝体验很好、很有趣，既能吸引粉丝的眼球，又可以帮助店主解决不在线时的粉丝需求，可谓一举两得。

目前，微信公众号具备三种自动回复功能，分别为“被添加自动回复”“消息自动回复”以及“关键词自动回复”。对微店店主来说，“被添加自动回复”和“关键词自动回复”是最值得重视的。

“被添加自动回复”主要指用户在关注你的微信公众号时收到的问候语。这段问候语是可以事先设置的，你可以说一些你想对粉丝说的话。如果不设置，那么粉丝收到的就是官方设置的简单的问候（见图 6-9）。如果你设置了自动回复信息，那么当粉丝添加你的微信公众号时就会自动收到这条问候信息（见图 6-10）。

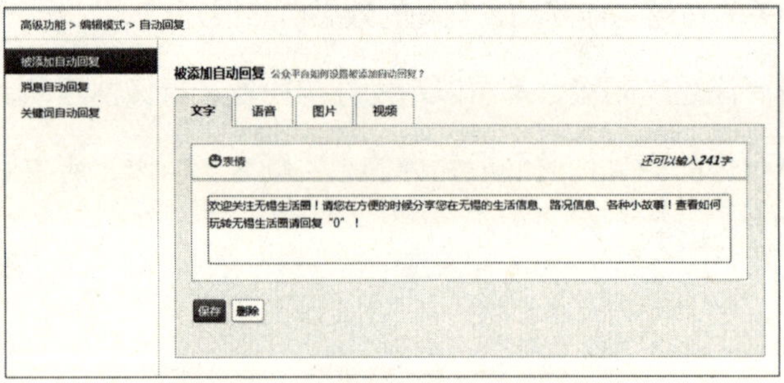

图 6-9 “被添加自动回复”设置

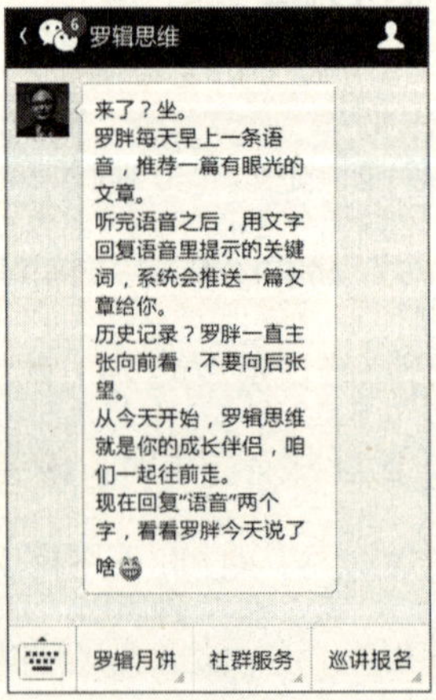

图 6-10 罗振宇设置的自动回复信息

“关键词自动回复”主要指粉丝在回复某个关键词时，会自动弹出相应的内容（见图 6-11）。设置好关键词后，就可以在“回复”窗口选择想用的回复内容，其中可以包括纯文字、图片、语音、视频、图文等（见图 6-12）。很多做得很成功的微信公众号都在使用这项功能，有的甚至天天都在使用。

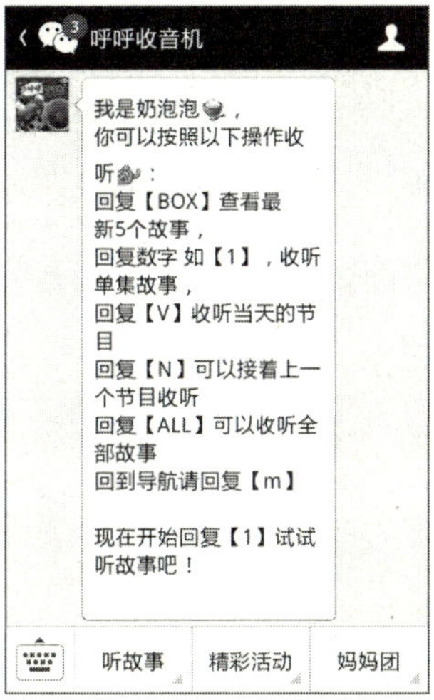

图 6-11 关键词自动回复

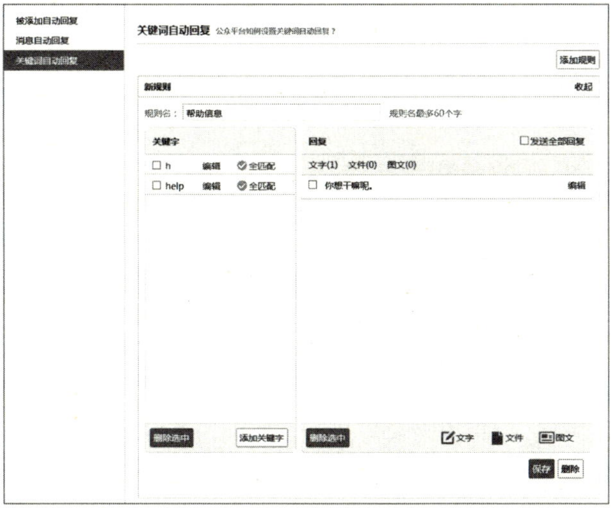

图 6-12 “关键词自动回复”设置

设置“关键词自动回复”，可以帮助你增强与粉丝的互动，同时，粉丝极有可能将阅读过的文章分享到自己的朋友圈，从而增加你的潜在粉丝。比如说，你做的是一个儿童阅读的公众号，那么你就可以把一些连续的故事分成若干部分，然后给它们编上序号，比如“1-1”“1-2”，直到这个故事结束，另外一个故事可以列为“2-1”“2-2”，依此类推排下去，然后把这些序号设置成回复的关键词。

当然，如果你发布的内容没有连续性，那么你可以根据文章的主题来设置关键词，比如，哈爸在运营“哈爸哼妈”时将“书单”设置成关键词，当粉丝回复“书单”时就可以获取哈爸整理的各种权威书单。

另外，你也可以根据以往文章的点击率来设置关键词，比如：“TOP10”（见图6-13、图6-14），一般来说，能够进入这一榜单的文章，大多也会受到新粉丝的欢迎。

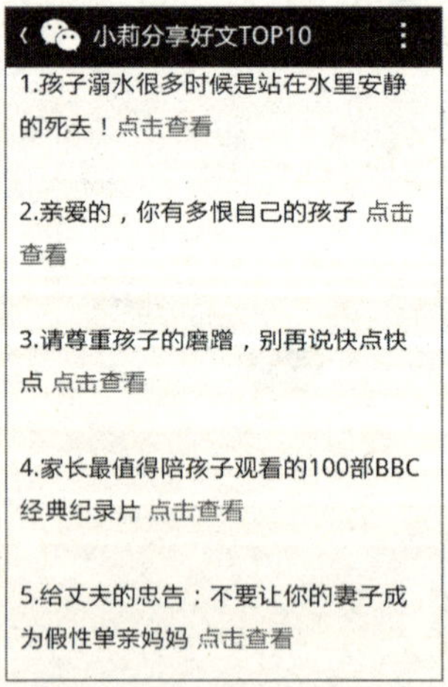

图6-13　TOP10好文章

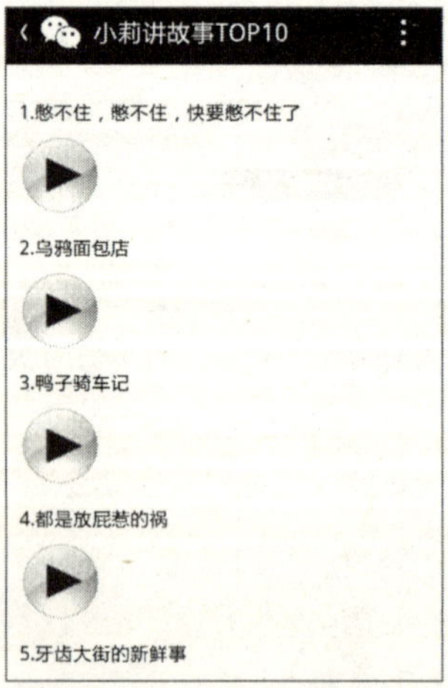

图6-14　TOP10好故事

利用微信平台去管理粉丝，应该是每一个微店店主必须要学会的一项技能。尤其当你的粉丝达到一定数量，而你自己无法进行一对一的交流和服务却又想引导一些潜在粉丝成为客户时，这种方法就显得特别实用了。

↗鼓励粉丝提供相关内容

在与粉丝互动时，绝大多数店主都是主动给粉丝提供相关内容的，这种单向的付出过程既烦琐又辛苦，而且一个人的精力和能力毕竟有限，所以你能提供的内容也一定不是那么全面。这时候，你就要学会利用粉丝的力量，鼓励粉丝为你提供内容，这些内容可以是他们转载的好文章，如果是粉丝原创的内容则更好。

那么，我们可以让粉丝为我们提供哪些内容呢？图 6-15 展示了可以由粉丝提供的几种内容。

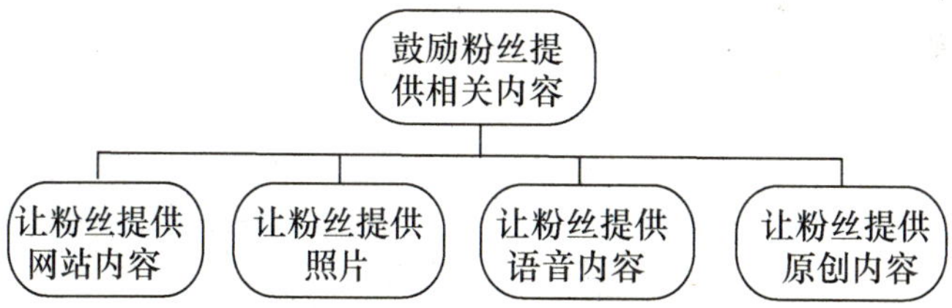

图 6-15　鼓励粉丝提供相关内容

1．让粉丝提供网站内容

网络平台向全民开放，上面的内容虽五花八门，但也不乏精品。微店店主要相信粉丝的眼光也是相当独到的，他们一定可以为你提供许多精彩内容（见图 6-16）。当然，更重要的是，你不仅要让粉丝知道怎样把好内容提供给你，也要让他们有参与感，这样他们才会愿意源源不断地为你提供内容。

另外，你也可以让粉丝直接将推荐文章的网址发送到你的微信公众号上，或者让粉丝加你的微信，直接将内容发送给你。

2．让粉丝提供照片

现在用手机拍照十分方便，许多人也都热衷于手机拍照，所以大家的手机里都存储着大量的照片，比如工作时的照片、外出游玩时的照片或者自家孩子的照片等。在微信公众号里发照片是一件很简单的事情，所以不少粉丝都非常乐意向你提供照片（见图 6-17）。

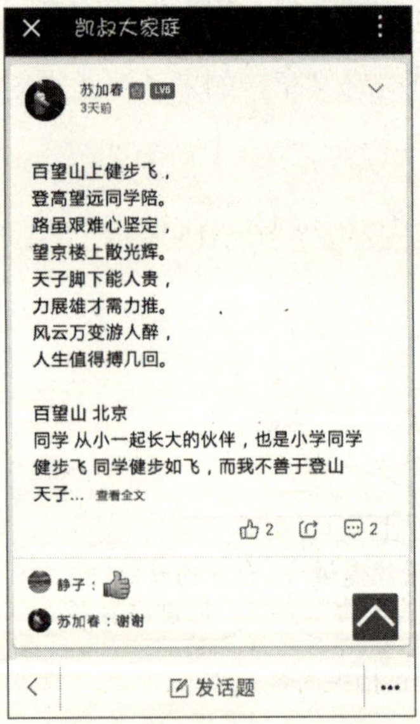

图 6-16　粉丝提供的文章

图 6-17　粉丝提供的图片

微信公众号“POCO 摄影社区”特别善于与粉丝互动，积极鼓励粉丝或者推荐自己的朋友发布摄影作品（见图 6-18）。如果摄影作品非常优秀，将被放进“编辑推荐”“近期热门”或“潜力新作”。粉丝都愿意参与此活动，积极性很高，粉丝纷纷投稿，而且他们的作品（见图 6-19）都会被展示出来。

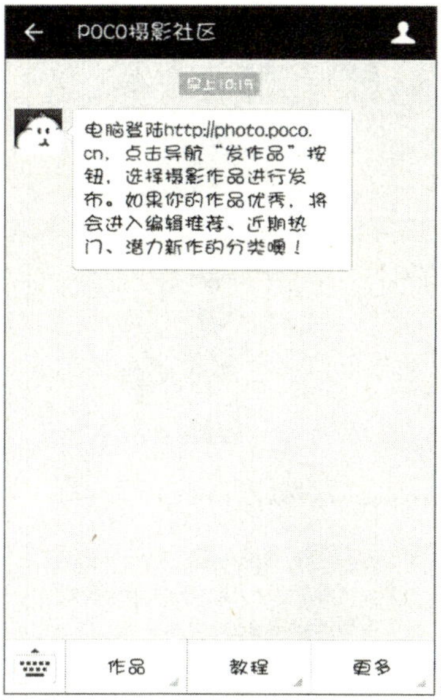

图 6-18　POCO 征召优秀作品

图 6-19　粉丝们的原创摄影作品

3．让粉丝提供语音内容

一般来说，鼓励粉丝提供语音内容并非易事，但也不是没有可能，说不定一些粉丝很喜欢贡献出自己的录音作品。因此，如果你想充实自己的录音内容，也可征集粉丝上传录音作品或者自编自导的语音故事（见图 6-20）。

微信公众号"爱的童书妈妈小莉"的运营者小莉是一个播音系毕业的妈妈，陪同自己的孩子阅读了五年，阅读的书籍有上千本。她开通了微信账号，并且每天都会给孩子们讲一个经典的绘本故事，孩子们也可以点播自己喜欢的故事。在小莉讲故事之初，曾放过几个由她女儿小拍讲的故事，没想到很多小朋友都很喜欢，甚至还有小朋友发送自己的录音，成为了她的粉丝。小莉开始向粉丝征集故事小主播（见图 6-21），把孩子们讲的故事分享给大家，不仅吸引了更多的粉丝讲故事，而且也吸引了更多的粉丝阅读她的童话故事。

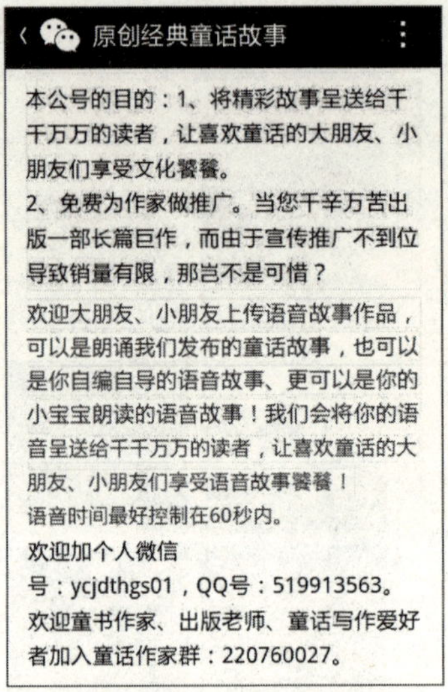

图 6-20　征集粉丝的录音作品

图 6-21　征集故事小主播

如果店家想让粉丝提供语音内容，而粉丝却不知道如何录音，店家可以让粉丝使用“喜马拉雅”或“荔枝 fm”这两个电台，选用哪个都可以。

4．让粉丝提供原创内容

原创内容，无论是文章还是音频、视频，绝大多数粉丝是很难完成的。如果你的粉丝中有具备这种能力的人当然很好，如果没有，你可以让他们提供一些相对简单的原创内容，比如写一本书的读后感或者一部电影的观后感，或者是自己对于生活、工作、家庭教育方面的一些小心得、小体会（见图 6-22），这对于绝大多数粉丝来说应该都不是难事。

当然，收到粉丝提供的这些内容时，你要进行及时的反馈，与他们积极互动、沟通，这样才能促使他们不断地为你提供更多的原创内容。

群众的力量是无穷的，所以你一定要学会利用粉丝的力量。其实，这也是你与粉丝进行良性互动的一个好机会，可以帮助你获得粉丝的信任和认可，所以何乐而不为呢？

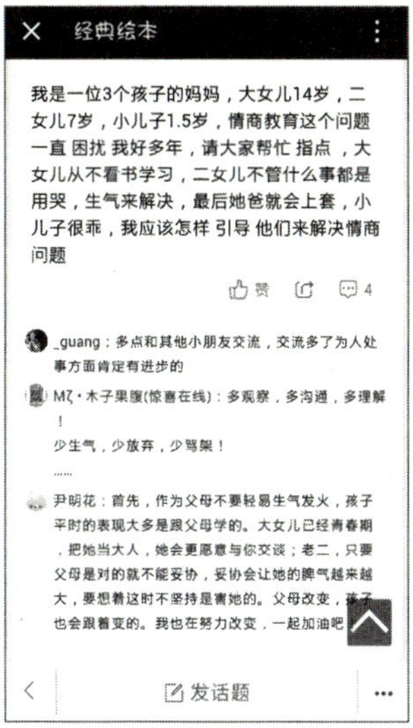

图 6-22　粉丝提供的教育方面的心得

↗有事要互动，平时更要互动

很多店主都知道与粉丝互动的重要性，不过他们通常是在店铺销售量不理想时才会想起与粉丝互动，并开展一些优惠活动来吸引粉丝。短期来看，这种方法或许可以起到一些效果，但多少还是有些“临时抱佛脚”的味道，而且这种互动方式大家已司空见惯，对粉丝也很难有更大的吸引力，所以从长远的角度来看效果不大。

其实，经营粉丝跟交朋友是一样的道理，不仅仅要注重节假日的联系，更要注重在平时生活、工作中的交往，这样才能真正实现与粉丝的全面互动与交流。所以，店主们一定要把眼光放长远一些，有事儿没事儿都要跟粉丝多联系一下，以此来促进相互之间的了解和信任。图 6-23 展示了几种平时与粉丝互动的方式。

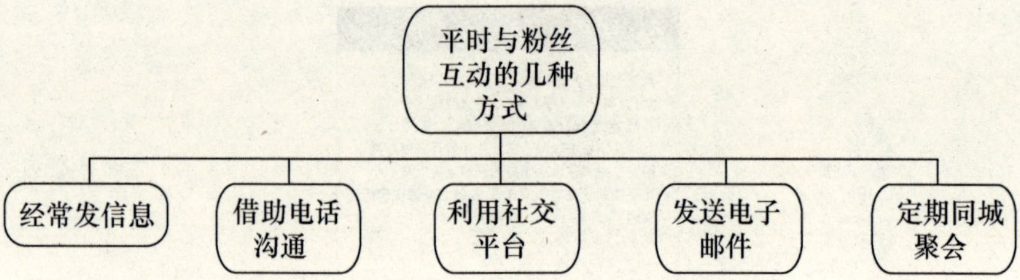

图 6-23 平时与粉丝互动的几种方式

1. 经常发信息

只要有空余的时间，店主就可以定时给粉丝发送手机短信。不管短信的内容是一句简短的问候语，还是推送相应的商品优惠信息，都可以让粉丝感受到你的关心，同时也能让他们了解到店铺的最新动态。或许，刚开始使用短信与粉丝互动时，粉丝不会立即回复，但只要你坚持不懈地发送，就可能让粉丝习惯于阅读这些短信。这样一来，他们对你的信任就会加深。

2. 借助电话沟通

平时，店主可偶尔给粉丝打个电话，问候一下粉丝的近况，也可以询问粉丝使用商品的实际情况，比如购买的面膜效果怎么样、衣服合不合适等。如果粉丝有疑问，可以立即回复或解答。偶尔的电话沟通，会让粉丝感到自己被重视，对店主的信任自然会增加几分。当然，值得注意的是，给粉丝打电话的时间一定要掌握好，最好选择下班后或周末的时间，这样才不会影响到对方的工作。

3. 利用社交平台

在微信、QQ、微博这些社交平台中，每天都有大量的用户活跃其中，店主可充分利用这些社交平台来维护与粉丝之间的关系。当然，如果店主没时间，可以运用微店自带的聊天功能与粉丝进行即时互动。

4. 发送电子邮件

电子邮件是全世界使用最普遍的一种沟通方式。电子邮件是信件的“升级版”，与之不同的是，它的使用非常方便快捷，向对方发送信件，对方即刻就能收到，信息非常具有时效性，因此深受广大用户的喜爱。

平时，店主想加强自己与粉丝之间的联系，也可向对方发送电子邮件，邮件内容可以涉及工作、生活的各个方面，也可以是关于自己店铺的最新动态和信息。与微信、微博等社交平台不同的是，电子邮件受地域限制的程度更小，无论你的粉丝来自世界上任何一个地方，你都可以通过电子邮件跟他们联系。

5. 定期同城聚会

在你的粉丝里一定会有一部分跟你同在一座城市，这时候你就要好好利用一下这种同城优势了，比如定期举办一些同城聚会。通过这种近距离接触的互动方式，可以让粉丝更了解你，从而对你和你的店铺更加认可。

事实上，无论店主采用何种互动方式，只要能够增进彼此的感情即可。互动的目的就是培养自己与粉丝的感情，想要达到这一目标，不仅要求店主有事时要与粉丝互动，平时更要多互动。细水长流，才能润物细无声。

↗共同话题让互动更有效果

俗话说：“酒逢知己千杯少，话不投机半句多。”在现实生活的人际交往中，很多人都会有这样的体会：如果与对方有一些共同话题可聊，自然会很快亲近起来；反过来，如果双方没有共同语言，那就很容易陷入尴尬。其实，与粉丝互动也是人际交往的一种，这个原则同样适用。所以，为了让你与粉丝的互动更有效果，你可以想办法寻找一些与粉丝们的共同话题，以此拉近相互间的距离。图 6-24 展示了几种寻找共同话题的方法。

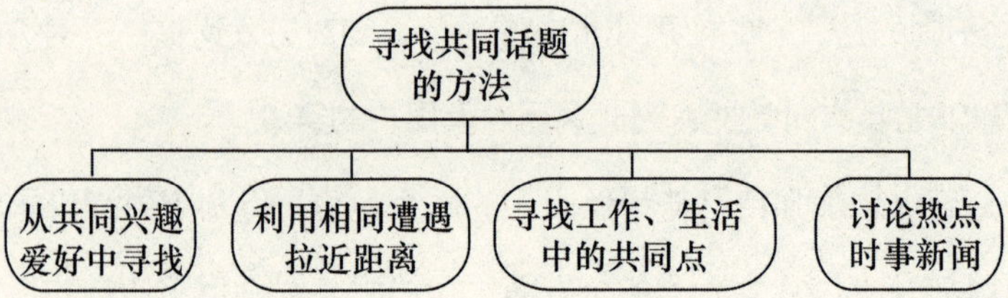

图 6-24　寻找共同话题的方法

1. 从共同兴趣爱好中寻找

共同的兴趣爱好是拉近与粉丝心理距离的关键因素，所以，店主要善于发现与粉丝之间共同的兴趣爱好，这样才能与粉丝有话可聊，让互动变得更有效果。当然，不同的粉丝，其兴趣爱好也各不相同，要想与每一个粉丝更好地交流，就要求店主在平时多培养一些兴趣爱好，多积累各方面的知识，这样才能保证在与不同粉丝交流时都有话可聊。

2. 利用相同遭遇拉近距离

“同是天涯沦落人，相逢何必曾相识。”遭遇相同或者类似的两个人更容易产生共同话题，所以这是交际高手们常常运用的一种沟通技巧，效果大多很理想。店主们可以积极利用这种方式，利用共同的遭遇与粉丝寻求心灵上的共鸣，从而让相互之间的交流更愉快。值得注意的是，利用这一方式与粉丝交流时，一定要根据实际情况有感而发，切不可过于牵强，否则很可能适得其反。

3. 寻找工作、生活中的共同点

有时候，当你找不到与粉丝的共同兴趣爱好而无法产生共同话题时，可以试着另辟蹊径，从日常的生活、工作中去寻找你与粉丝之间的共同点。比如，在与粉丝闲聊时，如果对方已为人父母，那么就可以跟粉丝说一说你自己的孩子，这样很容易就能打开对方的话匣子。同时，如果粉丝在这个过程中提出了一些自己的教育观点，你要积极地表示赞同，鼓励粉丝继续说下去，这样才能营造一个和谐的交流氛围。

4．讨论热点时事新闻

其实，无论是寻找与粉丝的共同语言，还是生活中的共通之处，都需要一定的过程，是否成功也很难说。这时候，你可以选择另外一种方式与粉丝互动，那就是与粉丝讨论社会热点话题。对于社会热点话题，即使有的人并不十分关注，但也不会太抵触，所以这是一个很好的寻找共同话题的方法。

总之，无论是生活话题、工作话题还是社会热点话题，只要店主能找到与粉丝都感兴趣的共同点，就可以很快拉近彼此之间的距离，让互动的效果最大化。

↗如何与不同类型粉丝互动

与粉丝互动其实也是一种人际交往，也就是说，粉丝就等于你在人际交往中要面对的各种人。在现实生活的人际交往中，我们要学会跟形形色色的人打交道，与粉丝互动也是一样的道理。

粉丝跟普通人一样，性格千差万别，对待同一件事的态度和反应也会各不相同，如果你用同样的方式去和不同的人交流，那么很可能让原本通情达理的粉丝变得很难交流，让原本已经敲定的事情充满变数。所以，如果不能掌握与不同性格的粉丝打交道的方法和技巧，就很可能给一些粉丝留下不好的印象，让互动的效果大打折扣，甚至从此失去粉丝的信任。

那么，店主在与粉丝互动时，一般都会遇到哪种类型的粉丝，面对他们又该采用怎样不同的方法和技巧去与他们互动呢？图 6-25 展示了常见的几种粉丝类型。

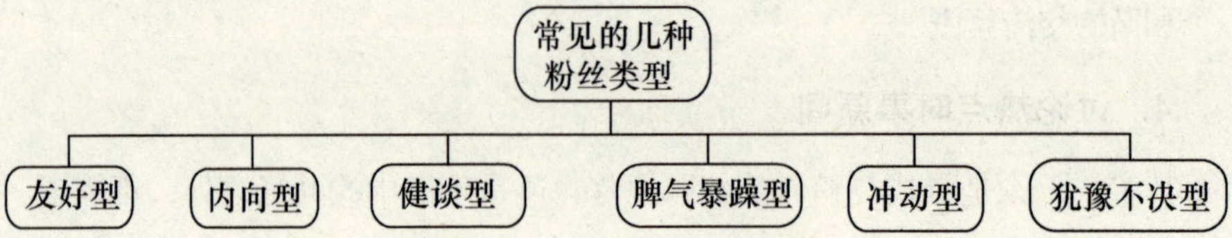

图 6-25　常见的几种粉丝类型

1. 友好型

友好型的粉丝大多为人友善，通情达理。通常，对于店主发送的消息，他们都会积极主动地回复，对店主推荐的商品接受程度也相对较高。即便遇到一些意外情况，他们对店主的解释也大多会表示理解，甚至会站在店主的立场上去思考。在与这样的粉丝互动时，店主一定要真诚相待，这样更容易赢得他们的认可和信任。

2. 内向型

内向型的粉丝大多不善言辞，一般很难快速表达自己的一些想法或观点。在与这样的粉丝沟通时，店主一定要积极主动一些，可以多采用一些问答式的互动方式，帮助粉丝表达出自己的想法。另外，店主也可以适当地向他们表达出自己对某件事的见解，但切记不要把这种见解强加给他们。内向的性格使得他们不善于拒绝，所以他们在勉强接受了你的想法之后，内心会对你产生抵触，这样的互动大大不利于良好关系的建立。

3. 健谈型

健谈型的粉丝大多知识面较广，在与人交流时总是很积极，而且常常把话语权握在自己手里。在与这样的粉丝进行沟通时，店主一定要有耐心。同时，不要轻易反驳他们的话，要尽量顺着他们的话去交流。当然，如果你能提出一些自己的见解，就可以让他们对你另眼相看。要想与健谈型的粉丝有共同话题，平时你就应该多给自己充充电，这样才能在与他们交流时有话可聊，进而获得对方的好感。健谈型粉丝人缘大多不错，所以往往拥有强大的人脉资源，如果能得到他们的认可，他们很可能会为你带来更多的粉丝。

4．脾气暴躁型

这种类型的粉丝没有什么耐心，脾气比较急躁，听不进别人的意见。在与这样的粉丝互动时，要尽量言简意赅、直奔主题，同时对其询问要立刻回应，否则会让对方觉得你在怠慢他。这样与对方交流既能节省双方的时间，还能获得更好的互动效果。

5．冲动型

冲动型的粉丝大多很感性，想法常随周围环境发生改变，而且常常很轻易就做出某些决定，事后则多半会后悔。在与这种类型的粉丝交流时，话题要有一定的针对性。比如，在向他们推荐商品时，切不可一次推荐太多信息，否则很可能会导致他们刚刚作出决定又立即改变。另外，与他们沟通时要尽量简短而快速，不要给对方留太多思考的时间，以防对方改变想法。

6．犹豫不决型

犹豫不决型的粉丝大多没有主见，同时也很难采纳他人的建议。在与这类粉丝互动时，店主一定要有气势，首先在气场上就要压过对方，这样在接下来的沟通中才能占据主动，让他们跟着你的思路走。

其实，不管粉丝的性格是哪种类型，店主只需记住一点，与粉丝互动的目的是为了经营彼此之间的感情，所以要多一些耐心，心平气和地与粉丝交流。无论粉丝是哪种性格，只要能找到合适的互动方式，就不难赢得粉丝的心。当然，同样是粉丝，与店主的亲疏程度也是有差别的，按这个标准来分，粉丝一般可分为散粉、粉丝和铁粉三种（见图 6-26）。那么，这三种不同类型的粉丝各自有何特点，店主们又该如何与之相处才能达到良好的互动效果呢？

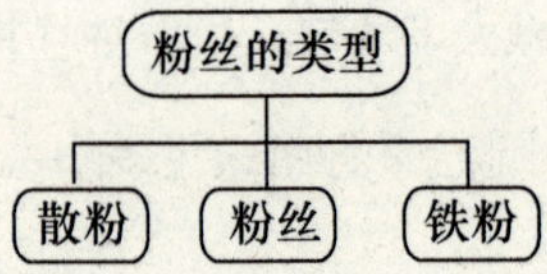

图 6-26 粉丝的类型

1. 散粉

散粉大多是通过互加得来的粉丝，其特点是目标性不强，随时有可能取消对你的关注。虽然散粉相对缺乏稳定性，但也是一股不容忽视的潜在力量，也是必须要争取的对象。在与其交流时，店主要积极主动一些，多观察对方的喜好，趁势找到共同话题，这样就会给对方留下一个好印象。久而久之，散粉就有可能变成真正的粉丝。

2. 粉丝

相对来说，粉丝的稳定性比散粉要高许多，对店主发送的信息或店铺的最新动态都会积极关注，很可能会转化成顾客。但维护这种粉丝需要店主投入很多时间和精力，稍不留意，他们就可能被竞争对手抢走。

3. 铁粉

铁粉就是你最忠实的粉丝和顾客，他们大多会坚定不移地支持你，对你推荐的商品多半会积极购买，而且会时时关注你店铺的相关信息，绝不会轻易取消关注。另外，在微店经营中，铁粉会给你提供许多有价值的好建议，还会免费帮你做宣传，为你的微店带来大量的潜在粉丝和顾客。

所以，铁粉就像是多年的老朋友一样，与你的关系非常牢固，在与他们进行交流时，通常不用像散粉和粉丝那样消耗你太多的时间和精力。但是，在一些特殊时间，比如在举行限时秒杀、超低价回馈客户的活动时，要第一时间通知他们，以此来回报他们的支持和厚爱。这种互动，可以极大地增加他们对你和店铺的忠诚度，让你们之间的关系更牢固。

总之，店主在与粉丝互动时，除了要分析粉丝的不同性格以外，还要分清粉丝的类型。不同性格的粉丝要区别对待，不同类型的粉丝也要区别对待。只有这样才能与粉丝建立良好的互动关系，让他们为你的微店发展贡献最大的力量。

第七章

留住粉丝：培养属于你的「铁粉」

有了粉丝还不够，还要培养一批铁杆粉丝，也就是所谓的“铁粉”。无论是苹果、小米这样的大厂商，还是哈爸开的微店，都有一批忠心耿耿的“铁粉”。只要有新品推出，他们就会第一时间购买、使用、评价，他们的能量绝对不可小觑。他们还可以带动其他更多的粉丝关注你的店铺，关注你推出的商品。可以说，留住粉丝、培养“铁粉”是微店营销的重中之重。

↗粉丝的终身价值

小米的成功很大程度上是因为“米粉”们的支持，哈爸的成功也得益于“哈粉”们的关注。在许多人看来，小米和哈爸之所以成功，是因为粉丝们对他们的产品很感兴趣，愿意为他们的产品买单。实际上，引导粉丝购买自己的产品，这只是小米和哈爸以及其他成功利用“粉丝经济”获得成功的商家们在粉丝身上获得的回报之一。其实，除了购买产品之外，粉丝能够提供给经营者的回报还有许多，这就是粉丝的终身价值。小米和哈爸们正是由于发现了粉丝身上的这些终身价值，才最终获得巨大成功的。

那么，粉丝身上都有哪些终身价值，微店店主们又该如何利用这些价值呢？图 7-1 简单展示了粉丝最重要的三条终身价值。

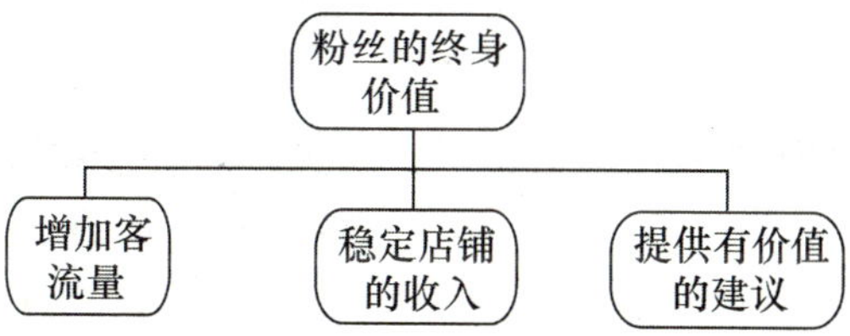

图 7-1 粉丝的终身价值

1. 增加客流量

为了让店铺赢得好口碑，许多店主都会花很多时间和金钱去做推广，其实还不如把精力和钱花在经营粉丝、不断提高用户体验上。这样一来，粉丝们大多会主动将他们的良好体验告诉身边的亲朋好友，免费为你做宣传（见图 7-2），不断增加你的客流量。这种宣传效果要比你花钱进行推广的效果要好很多，这就是粉丝的价值所在。

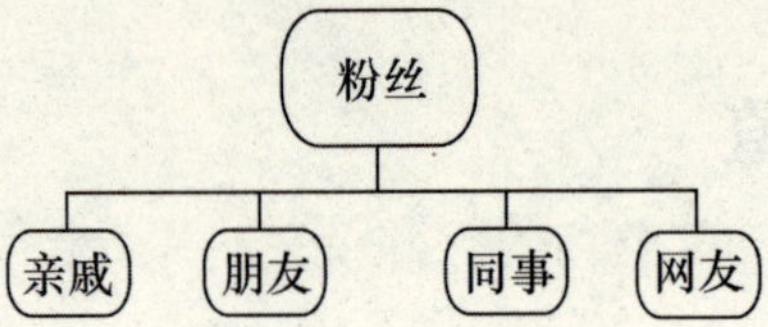

图 7-2　粉丝口碑传播的强大威力

2. 稳定店铺的收入

一般来说，把粉丝转化成顾客之后，他很有可能成为你的忠实顾客，不断光顾你的微店，即使其他店铺采取各种营销手段，也很难拉走他们。当你拥有一个稳定的粉丝群体后，就意味着你的店铺拥有了稳定的收入（见图 7-3）。稳定的收入对于店铺的发展来说是至关重要的，粉丝的价值在这一点上体现得非常明显。

3. 提供有价值的建议

在经营微店的过程中，店主们难免会遇到这样那样的问题，比如店铺的名称和装饰不吸引人、售卖的商品不走俏等，这时候你一定希望有人在身边鼓励你、支持你，为你提供有价值的建议（见图 7-4），而你的粉丝完全可以充当这个角色。

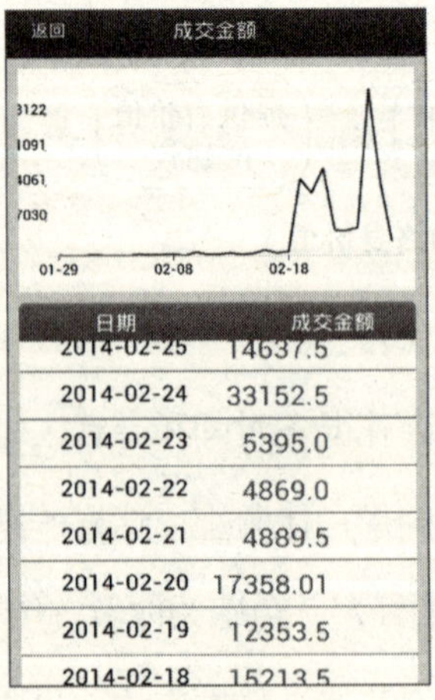

图 7-3　稳定的收入

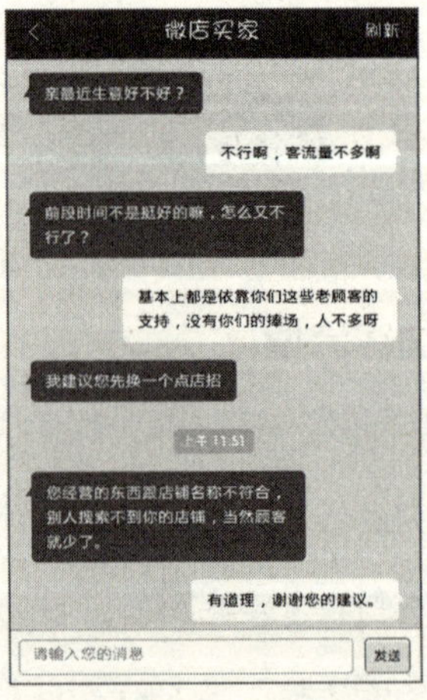

图 7-4　顾客提出的好建议

当你接受了粉丝的建议，不断完善店铺并取得了不错的销售成绩之后，一定不要忘记这都是粉丝的功劳，要对他们予以适当的酬谢。这样才能鼓励他们始终如一地支持你，源源不断地为你提供更多、更好的建议。

获取粉丝很重要，学会经营并用好粉丝更重要。粉丝不仅会为你的微店带来稳定的收入，还会为你进行免费宣传，增加店铺客流量，帮助你打造个人品牌，甚至还会为你提供有价值的建议。粉丝身上的这些潜在价值，才是真正值得广大店主深入研究和挖掘的宝贵财富。

↗未能留住粉丝的几大原因

对于微店来说，获取粉丝是经营的根本，而留住粉丝则是经营的关键。粉丝的数量只是一个纸面上的数字，真正能够为微店的销量以及口碑带来益处的是转化为顾客的忠实粉丝。所以，对于那些总是在抱怨没有生意可做的店主来说，把所有精力都放在如何获取更多粉丝上是错误的，应该认真想一想如何经营好现有的粉丝。

在经营粉丝的过程中，最常出现的一个问题就是粉丝流失。如果能把这个问题解决好，就可以在很大程度上提升粉丝的转化率。

那么，导致粉丝流失的原因都有哪些呢？图 7-5 展示了粉丝流失的三个原因。

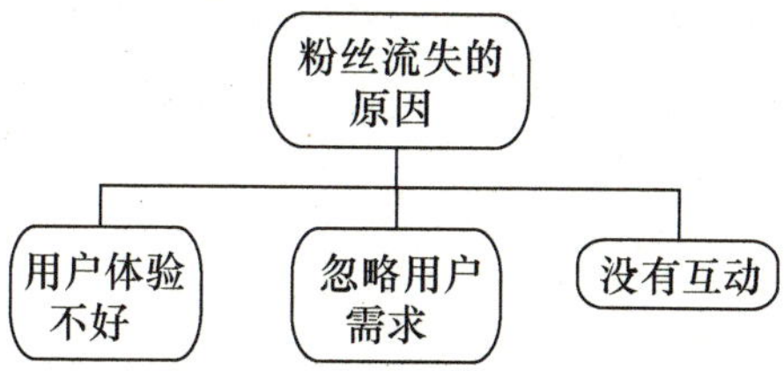

图 7-5　粉丝流失的原因

1．用户体验不好

对顾客的服务分售前服务和售后服务两部分，从顾客进入店铺到付款完成交易，这期间店主提供的是售前服务；从发货到顾客收到商品，再到后期与顾客进行沟通，直到顾客完全满意，这是售后服务。从售前到售后，这其中只要一个环节出了差错，就有可能对用户体验造成负面影响（见图 7-6）。用户体验不好，就会导致部分粉丝流失，如果不能及时改正，那么粉丝的流失程度会越来越严重。

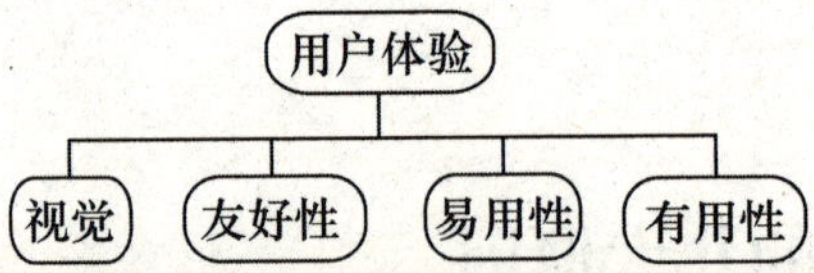

图 7-6　用户体验的几大要素

2．忽略用户需求

开微店之前，有一件事情你必须首先明确下来，那就是定位你的用户，搞清楚哪些消费者是你的目标人群。确定目标人群后，再重点研究清楚这类人群真实的需求是什么。最后，根据他们的需求确定你售卖的商品类型。这样做才能有的放矢，让你的商品不愁销路。

如果你在开店之前没有弄清楚这些问题，也就是忽略了用户需求，只是按照自己的喜好去确定卖什么种类的商品，那么，你的商品销路很可能不会太好。更严重的是，当粉丝们发现你不能满足他们的需求时，就会把目光投向其他微店。所以，作为店主，你一定要记住一点：抓住粉丝的需求，你才有利可图，如果你没能抓住粉丝需求，自然就抓不住粉丝的心，更留不住粉丝。

3．没有互动

互动是沟通的基础，有了沟通便能让粉丝与店主建立认可和信任的关系，进而促成交易。所以，微店店主与粉丝的互动是非常重要的。如果没有这种互动，粉丝怎么会有机会了解你，不了解你又怎么会认可你、信任你，又怎么会爱上你的商品，成为你的忠实顾客呢？所以说，没有互动是很难留住粉丝的。

以上三点就是造成粉丝流失的最主要的原因，店主们一定要引以为戒，不要在这三个方面出现差错，否则轻则流失粉丝，重则就要关门大吉了。

↗留不住粉丝的后果

前面我们已经讲了粉丝的价值所在，粉丝除了可以帮助店主提升微店的销量以外，还可以给微店带来稳定的收入和源源不断的客流，并能为店主提供有价值的经营建议。所以说，如果店主不善于经营粉丝，导致粉丝大量流失，就会给自己的微店带来许多不可挽回的损失。

下面我们就来具体分析一下，如果店主留不住粉丝，将会给店铺带来哪些负面影响（见图 7-7）。

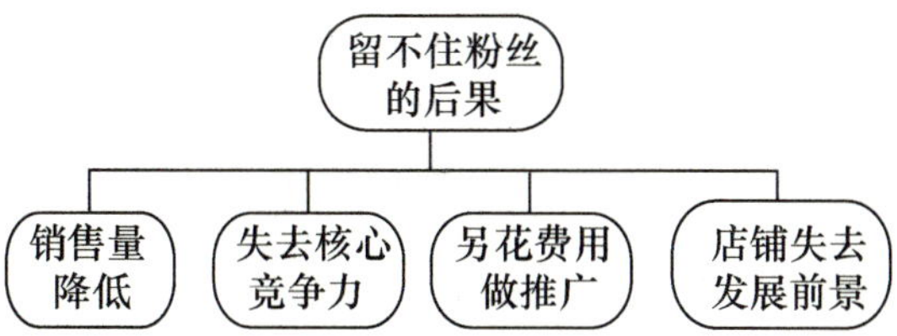

图 7-7 留不住粉丝的后果

1. 销售量降低

微店的顾客基本都是从粉丝转化而来的，所以，粉丝流失最直接的后果就是客户流失、销售量下降。销售量是店铺正常运作的基本保障，如果销售量上不去，还何谈店铺的发展壮大呢？

2．失去核心竞争力

因为门槛低甚至没有门槛，现在开微店的人越来越多。但同时，随着各大微店平台的不断完善和发展，类似微店联盟这样的平台不再只能容纳微店，淘宝网、京东和当当网等也纷纷加入其中。面对这些早已成熟的电商“大佬”，作为新人的微店所面临的压力和挑战可想而知。跟淘宝网、京东和当当网这些电商“大佬”比起来，微店在品牌、规模以及用户认可度上都相差甚远，唯一可以与之相抗衡的就是粉丝的支持。所以，失去粉丝，就等于微店失去了核心竞争力。

3．另花费用做推广

从获取粉丝、培养粉丝，到把粉丝发展成为忠实顾客，这个过程花费了店主非常多的时间和精力。有了这些忠实粉丝，基本上就不用再花钱为自己的微店做推广了，因为粉丝会免费帮助你做推广，为你带来更多客源和粉丝。所以，一旦粉丝流失，就等于失去了免费为你的店铺做推广宣传的人。如果你想继续经营店铺，就要另外投入资金去推广店铺，这样一来无形中就会增加成本、降低利润，而且效果也多半不如粉丝的自发推广好。

4．店铺失去发展前景

前文提到过，粉丝的价值不仅仅体现在提升店铺销量上，在其他许多方面都对微店的发展有着积极的作用，比如帮助店主免费推广、为店主提供好的经营建议等。如果流失了这些忠实粉丝，那么店主就等于失去了一座强大的靠山，店铺的持续发展基本就变成了不可能完成的任务。

总之，留不住粉丝的后果对微店来说非常严重。轻者，店主要天天花钱去推广，寻找新粉丝，还得重新花时间和精力去经营粉丝，同时增加了运营成本；

重者，客流量会越来越少，销售量会越来越低，资金周转会越来越困难，最后店铺失去竞争力，只能关门大吉。因此，要想经营好微店，就一定要防止粉丝流失，让他们始终关注并支持你的店铺。

↗如何才能留住粉丝

前文我们讲了粉丝对于微店的价值，也讲了粉丝流失的原因以及留不住粉丝的后果。既然粉丝对于微店来说如此重要，那么店主们又该怎样做才能留住粉丝呢？图 7-8 展示了留住粉丝的两大手段。

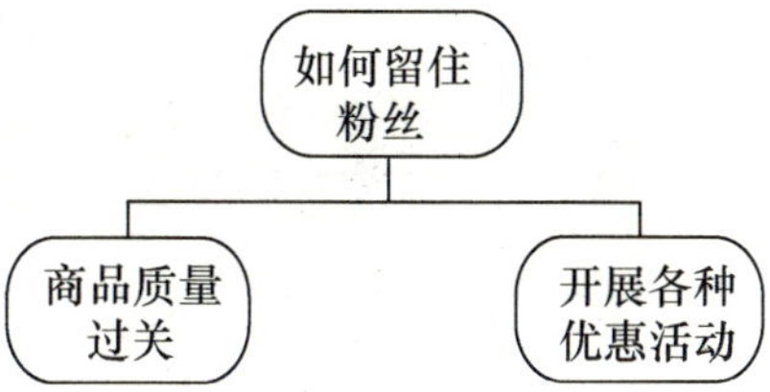

图 7-8　留住粉丝的两大手段

1．商品质量过关

提升顾客复购率是提升店铺销量的一个重要手段，而能够吸引顾客反复光顾你的店铺的最主要原因之一就是商品质量过关。也就是说，保证商品质量是提升用户体验的根本所在，如果商品质量不过关，即使粉丝对店主的信任程度很高，也很难成为忠实顾客。所以，要想留住粉丝，保证商品质量是根本。

2．开展各种优惠活动

“爱占小便宜”是人性的弱点，更是每个顾客最真实的心理表现。因此，很多店主都应该学会抓住人们的这一心理，定期开展各种优惠活动，借此抓牢粉丝的心。那么，店主可以经常开展的优惠活动都有哪些呢？

（1）打折促销。打折促销是最常见的一种促销方式（见图7-9），它能通过让利引起顾客的购买欲望。一般来说，店主可以选择一些重要的节日推出相关的促销活动（见图7-10、图7-11），比如春节、中秋节、国庆节、圣诞节、妇女节等，这样一定能吸引大量顾客前来购买。与此同时，店家可以适当调整一下商品价格，在一定范围内进行打折，效果也很不错。选择节日做打折促销活动，不仅能够提升店铺销量，还可以借机笼络粉丝的心，把他们牢牢抓住。

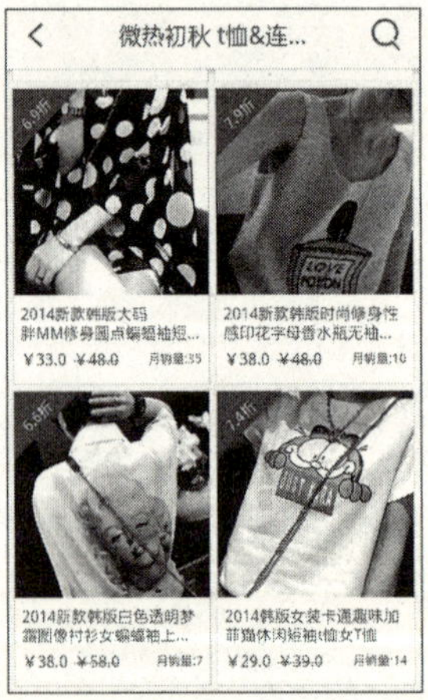

图7-9　打折促销信息

图7-10　中秋节打折活动

图7-11　中秋节打折商品信息

（2）包邮促销。经营微店时，许多店主都遇到过这样的情况，那就是原本顾客对商品很满意，可最终却因为邮费问题而放弃了购买。如果店主能够及时捕捉到顾客的这种心理，然后根据商品的种类适当地推出包邮促销活动（见图7-12、图7-13、图7-14），一定会获得非常不错的回报，这里的回报不仅是指销量的增加，还有粉丝的信任和认可。

图 7-12 商品包邮信息 1

图 7-13 商品包邮信息 2

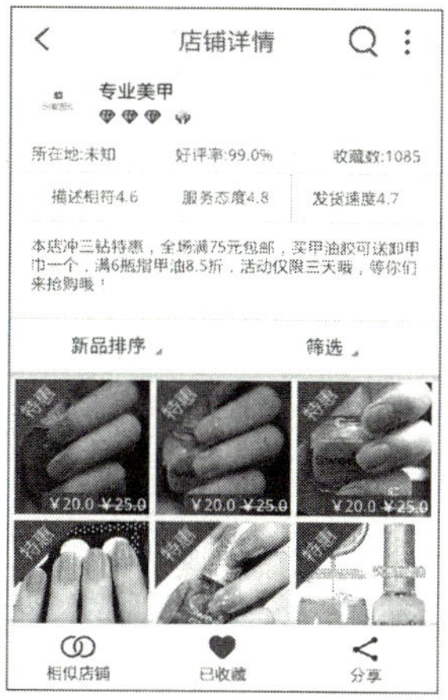

图 7-14 购物满 75 元包邮

（3）限时限量促销。要想俘获粉丝的心，店主就得懂点儿心理学，善于利用顾客心理，抓住顾客痛点。比如，偶尔举办几次限时限量的促销活动（见图 7-15、图 7-16），效果一定会不错。

图 7-15 限时限量促销信息 1

图 7-16 限时限量促销信息 2

当然，举办限时限量促销活动的时间要认真思考一下。一般来说，限时限量促销活动的最佳时间是周末、节假日或店铺周年庆的时候，原因是这些时间段的客流量往往比平时大，自然收益也会更多。

除此之外，还有许多方法可以帮助店主留住粉丝，比如保持与粉丝的沟通与互动、为粉丝做好售后服务等。其实，留住粉丝的方法有很多，最重要的是找到最适合自己的方法，适合的才是最有效的。

第八章 售后服务：口碑才是王道，千万别做一锤子买卖

微店与实体店和网店一样，都要靠信誉来获得持续发展。信誉的取得不仅要依靠售前服务，售后服务也同样重要。做好售后服务，可以极大地提高客户的满意度和忠诚度，把新客户变成老客户，甚至帮助你获得更多的忠实客户。因此，每一位微店店主都应该特别重视售后服务，这样才能为店铺赢来好口碑和好销量。

↗提供完善的微店售后服务

售后服务是整个微店商品交易中的重要一环，在某种程度上甚至比商品质量和店铺的信誉还重要。要知道，有些时候，信誉不一定真实可靠，但售后服务却绝对不能掺假。为顾客提供优质、高效的售后服务，不仅能提升用户体验，还有机会把顾客发展成为店铺的忠实粉丝，甚至是分销商。

那么，怎样做才能为顾客提供完善的售后服务呢？关于这个问题，图 8-1 列出了几条关键事项，供大家参考。

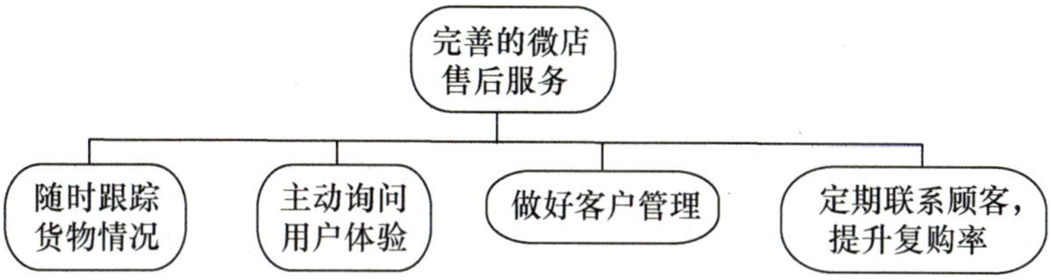

图 8-1　完善的微店售后服务

1．随时跟踪货物情况

顾客下单并付款后，一定要及时发货，并随时关注物流情况（见图 8-2），然后将发货情况主动告知顾客，让顾客放心（见图 8-3）。如果遇到特殊情况，比如断货或者物流方面出了问题，一定要跟顾客详细解释，让顾客安心。总之，在顾客未收到货物之前，不仅要随时关注货物的发货、物流情况（见图 8-4），还要保持与顾客的联系，让顾客感受到你为其着想的服务态度，为你的店铺树立口碑。

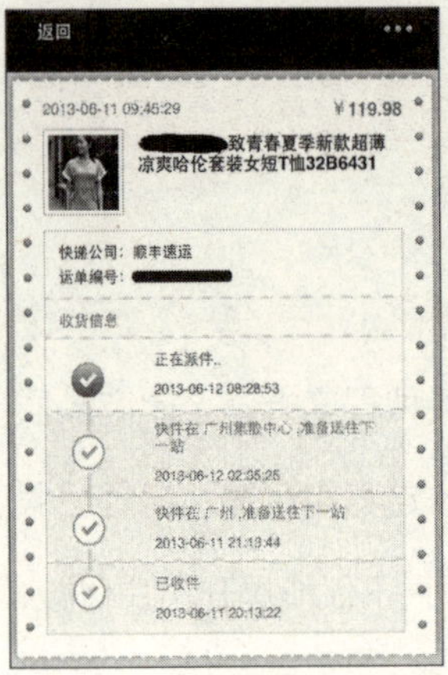

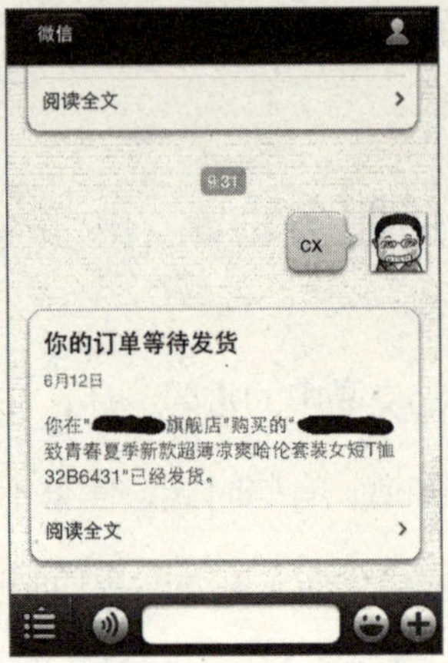

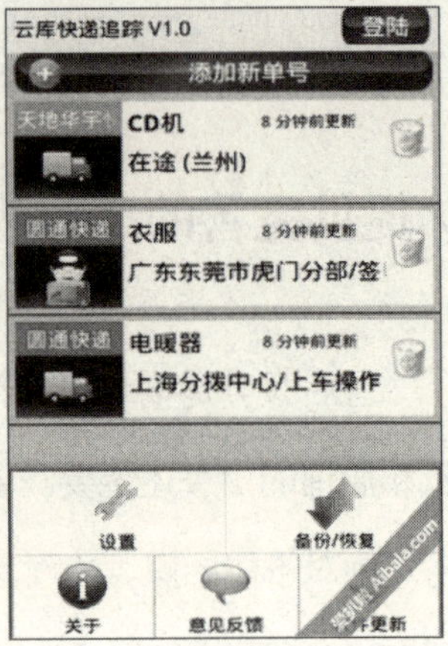

图 8-2　关注货物的物流情况 图 8-3　将发货情况告知顾客　图 8-4　随时追踪物流情况

2．主动询问用户体验

一般来说，顾客收到货物并在七天内没有提出退换货申请，那么这次交易基本上可以告一段落了。不过，如果你想为店铺赢得更好的口碑，就要付出更多的努力，你可以主动询问顾客商品的使用情况（见图 8-5）。如果顾客购买的是服装类商品，你可以询问顾客尺码是否合适、颜色是否有色差（见图 8-6）。如果顾客购买的是化妆品，你可以询问顾客使用效果。总之，就是要让顾客知道你一直在关注他。一般来说，在七天内没提出退换货的顾客大多对商品比较满意，基本不会出现顾客抱怨或要求退换货的情况。

图 8-5　主动询问用户体验

总之，主动询问用户体验，是为了更好地与顾客进行沟通。了解用户体验的好坏可以帮助店主进一步地提高顾客满意度，让顾客成为你的忠实粉丝。

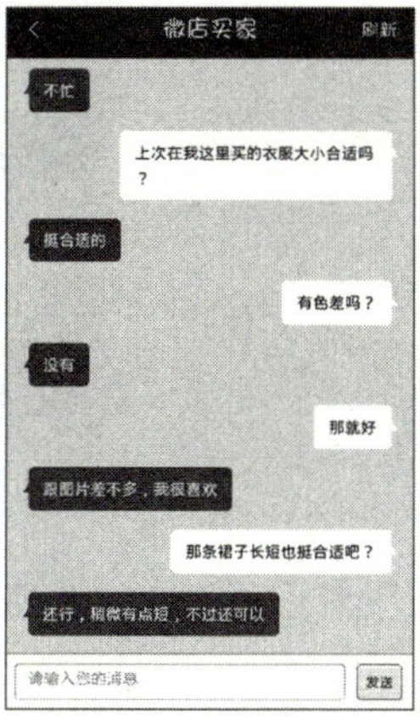

图 8-6　询问顾客商品的使用情况

3．做好客户管理

店铺逐渐发展起来以后，顾客也会越来越多，这时候，做好客户管理就相当重要了。各大微店平台都为店主们提供了完善的客户管理功能，店主可以轻松掌握顾客信息。

在客户管理功能中，店主可以轻松查询顾客的具体资料，包括姓名、联系方式、微信账号、收货地址以及购买历史等。当店铺积累了一定数量的顾客后，该功能就可以按照交易次数或购买商品类型等不同分组标准对全部顾客进行分组（见图 8-7）。这样，在宣传推广时，店主就可以有针对性地对那些交易频率较高的顾客进行宣传。另外，对那些在备注里向商家传递了自己购买意向或喜欢产品类型的顾客，店主也可以照此标准向其推广相关商品。

做好客户管理是增加店铺销售量和口碑的重要途径，店主们一定要重视。

4．定期联系顾客，提升复购率

对于经常光顾店铺的老顾客，做好后期维护工作尤为重要，因为定期联系老顾客（见图 8-8），可以提升复购率。一般来说，店主对老顾客的喜好比较熟悉，在开展优惠活动时，就可以把他们感兴趣的商品信息发过去，吸引他们来购买。

在这种情况下，成单的几率要比平时高很多。

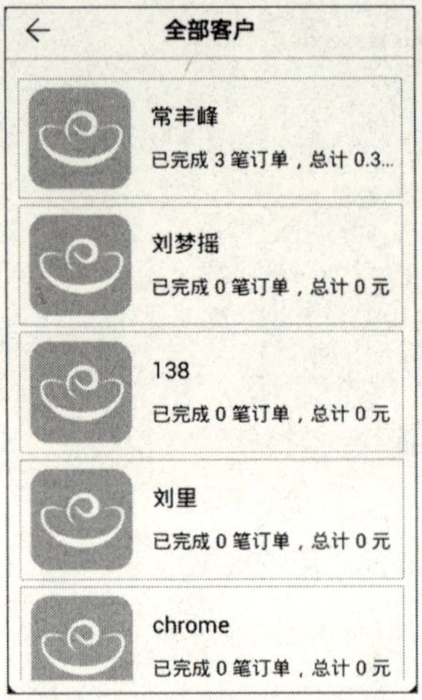

图 8-7 “全部客户”页面

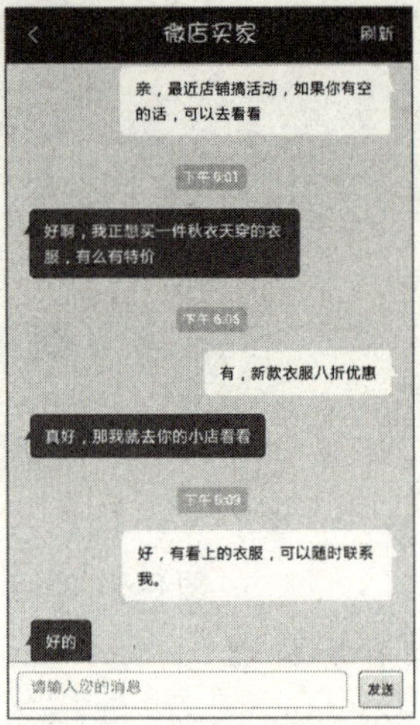

图 8-8 定期联系顾客

完善的售后服务不仅可以弥补售前服务中的一些不足，还能增加顾客对店铺的黏度和信任度。当你与顾客建立起这样一种关系后，提升复购率、引来潜在顾客、提升店铺口碑都不再是难事。

↗搞活动时兼顾售后口碑

定期开展优惠促销活动，既可以回馈老客户的支持与厚爱，也可以吸引新客户，是微店经营中必不可少的营销行为。其实，在这个过程中，不仅可以通过做好售前服务来回馈和吸引客户，还可以通过做好售后服务为店铺赢得好口碑（见图 8-9）。

图 8-9 口碑营销

售后服务在任何时候都应该认真做好，为

什么要特别把搞活动时的售后服务提出来讲呢？这当然是有原因的。一般来说，在活动期间，商品的价格都比较优惠，所以客户量比平常多，成交数量也会增加。活动期间时间紧迫，加上店主的精力是有限的，所以要想把每一位客户都服务好是不太现实的，那么该怎么办呢？其实，这时候，售后服务的功能就体现出来了。也就是说，售前服务没有做到位的地方，可以通过售后服务来弥补。更重要的是，通过售后服务还可以为店铺赢得好口碑，继而发展更多潜在客户。

那么，具体来说，怎样做才能赢得售后口碑呢？其实并不难。首先，在交易完成但顾客还未收到货物时主动联系顾客，告知顾客发货情况，以免顾客担心。其次，顾客收到货物后，及时主动询问顾客对商品以及店铺的服务是否满意，同时欢迎顾客提出各种意见或建议。另外，如果因售后服务某项环节出现问题而遭到顾客不满和抱怨，一定要及时查清问题所在并迅速为顾客解决难题。

一般来说，只要店主处理得当，让顾客在付完款之后能够感觉到自己备受重视，就可以赢得顾客的好感和信任，反复体验几次，该顾客就很可能变成你的忠实顾客，不仅会积极光顾你的店铺，还会向别人推荐，售后口碑由此而来。

不要小看顾客的口碑传播能力。试想一下，你有 10 位顾客，你的售后服务很到位，通过口碑传播，即使这 10 位顾客每人只能给你带来一位潜在顾客，你的顾客数量也会翻倍。接下来，如果你能为这 20 位顾客做好售后服务，他们就会通过口碑传播为你带来更多的潜在客户，这就是口碑传播的巨大潜力（见图 8-10）。

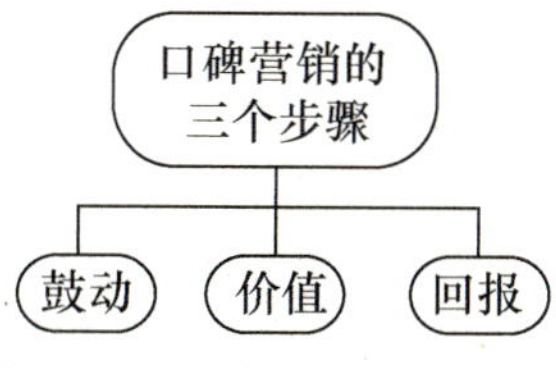

图 8-10　口碑营销的三个步骤

总之，店家搞活动时，一定要兼顾售后口碑，做好售后服务的每一项工作，让顾客满意。用户体验好了，顾客自然会帮助你免费宣传，这样不仅有利于个人品牌和店铺品牌的树立，还能增加店铺曝光率。

↗做好售后服务，避免纠纷

商品的价格、新旧程度、使用说明等是店主与顾客在交易过程中交流的主要内容，同时，这些关于商品的文字描述也相当于店主与顾客之间的交易条款。所以，店主一定要如实描述，避免因夸大其词而产生纠纷。

售前的交易条款十分重要，同样的，售后服务条款也同样重要。如果售后服务条款不够明确，就很容易带来许多纠纷，从而让店铺遭受经济和信誉上的双重损失。那么，完善的售后服务都包括哪些内容呢？图 8-11 列出了售后服务是重要的三项内容。

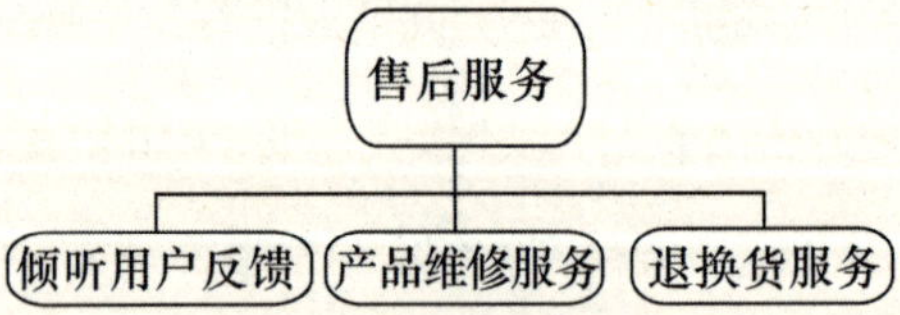

图 8-11　微店售后服务

1. 倾听用户反馈

倾听用户反馈不仅能帮助店主了解用户体验和需求，还能帮助店主发现商品交易中存在的问题。更重要的是，店主可以通过用户反馈与顾客进行及时有效的沟通（见图 8-12），帮助顾客解决各种问题，同时还有可能获得顾客提出来的好建议（见图 8-13），从而提高店铺的信誉度。

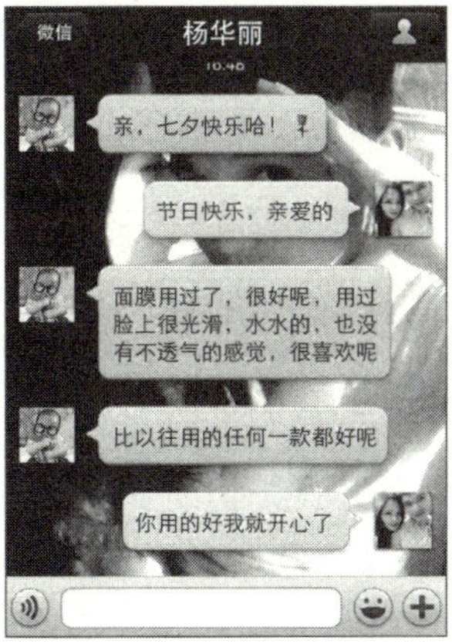

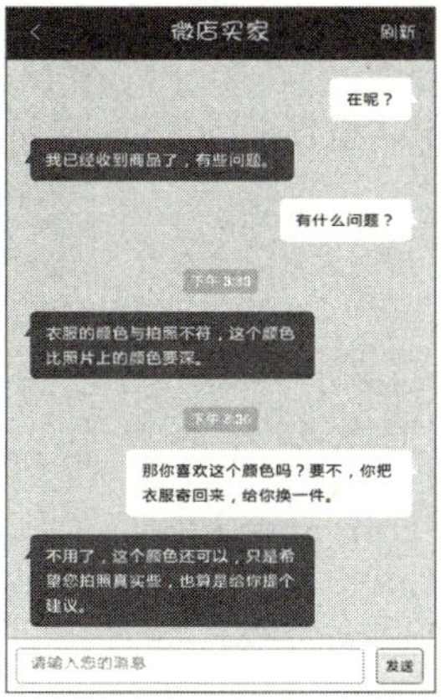

图 8-12　用户反馈　　　图 8-13　顾客反馈问题并提出建议

2．产品维修服务

产品在保修期内发生问题或故障，一定要及时安排维修人员上门进行维修（见图8-14）。当然，在这里有一点值得店主注意，那就是在与顾客达成交易之前，就一定要向顾客详细说明产品的维修条件，比如免费维修范围、具体的维修期限等。这样就可以弄清双方的权利义务，避免日后因维修问题发生纠纷。

图 8-14　产品维修服务中心

3．退换货服务

微店跟网店一样，也实行“七天无理由退换货”（见图 8-15）这一标准。当然，在售后服务内容中要写明，这种退换货服务必须是有前提的，即不能影响商品的二次销售。具体来说，商品的包装和发票必须完整，商品未被使

图 8-15　七天无理由退换货

用等。所以，当顾客收到商品后因各种原因不满意，想要退换货时，就可以按照这一标准来执行。如果不满足退换货的前提，则不在无理由退换货服务范围之内。

除了以上说的三点，售后服务还有其他一些细节问题，比如商品有质量问题怎么处理、退换货产生的费用由谁承担等，这些内容一定要清楚地写在售后服务条款里。店主一定要明白，售后服务条款越详细、清楚，日后与顾客产生纠纷的几率就越低。这样不但为自己减少了麻烦，也更容易促成交易。

↗处理买家抱怨的策略与技巧

开店做生意，难免会碰到顾客抱怨。这时候，无论顾客抱怨的原因是什么，作为店主，都没有任何理由推卸责任。“顾客就是上帝”，无论是好说话的顾客还是难缠的顾客，服务好每一位顾客都是店主的责任和义务，这是为自己的店铺赢得好口碑的一个机会。当然，处理顾客抱怨时，一定要掌握一些策略和技巧，否则一旦处理不当，很可能会造成顾客流失的严重后果。

那么，在应对顾客的抱怨时，都要掌握哪些应对的策略和技巧呢？图 8-16 列出了常用的几种策略和技巧。

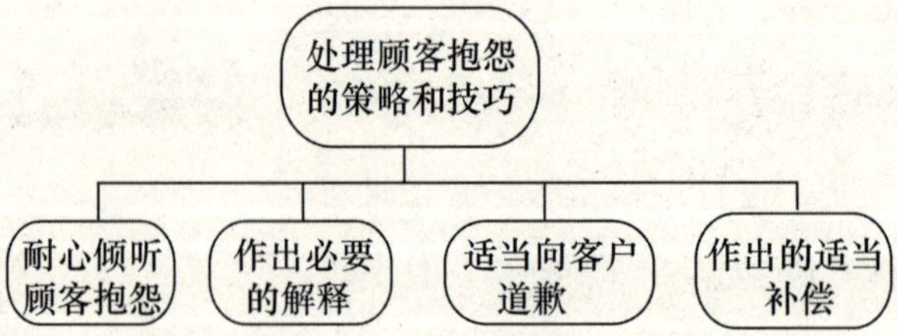

图 8-16　处理顾客抱怨的策略和技巧

1．耐心倾听顾客抱怨

耐心倾听顾客的抱怨（见图 8-17），而不是立即为自己辩解，这一点非常重要。大多数情况下，顾客抱怨的时候情绪都不稳定，如果这时候你急于辩解，会很不利于问题的解决，甚至有可能让矛盾激化。其实很多时候，顾客抱怨并不是为了要你解决问题，只不过是想发泄一下不满情绪。如果你能够耐心听他们说完，或许他们的气已经消了，这时候你再表达歉意并说出你的处理办法，一定会获得他们的谅解。

2．作出必要的解释

倾听完顾客的抱怨后，作出适当的解释（见图 8-18）也是非常有必要的。值得注意的是，这里的解释绝不是为自己辩解，而是就事论事，查找顾客抱怨的问题所在。如果确实是商品或服务的某个环节出了差错，或者商品的质量有问题，就一定要先道歉，然后委婉地向顾客解释，争取顾客的谅解，并尽快帮助顾客解决问题。

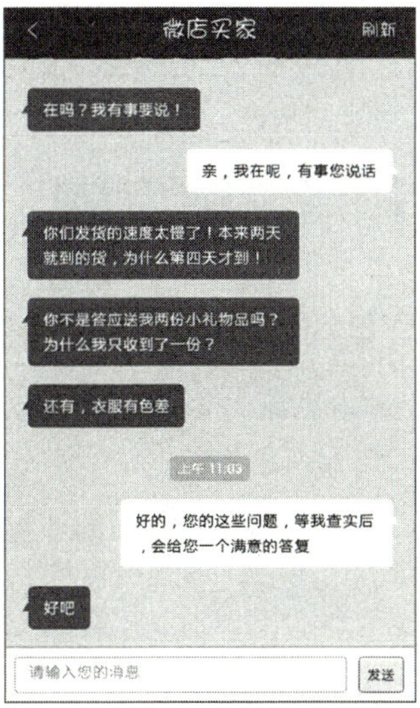

图 8-17　耐心倾听顾客的抱怨

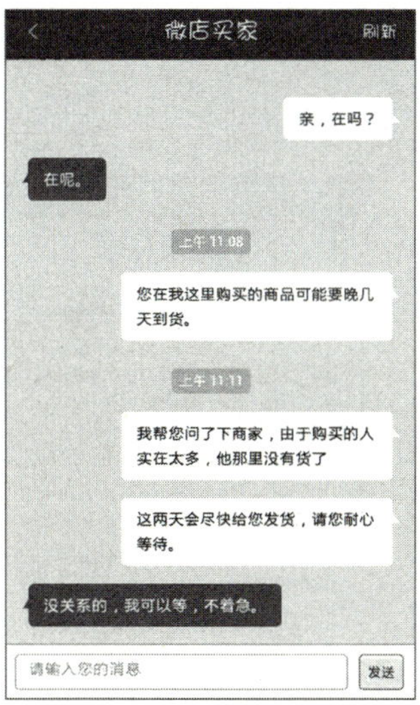

图 8-18　向顾客解释

事实上，很多问题就在于是否能与顾客进行及时沟通。只要沟通好了，问题就会得到解决，自然顾客也会获得满意，这样对店铺的负面影响也会被控制在最小的范围之内。

3．适当向客户道歉

当顾客抱怨时，无论谁对谁错，也无论原因何在，即使面对的是过于挑剔甚至胡搅蛮缠的顾客，也要真诚地道歉（见图 8-19）。道歉不仅可以平复顾客激动的情绪，也可以获得顾客的谅解，从而避免顾客流失。要知道，如果因为处理不当失去了一位顾客，那么就意味着你将一同失去这位顾客身边的许多潜在顾客。反过来说，如果你能用真诚的道歉化解顾客心中的不满，不仅可以留住这位顾客，同时也留住了这位顾客身边的潜在顾客。

4．作出适当的补偿

当倾听、道歉和解决问题都不能让顾客完全满意时，就有必要作出一些适当的补偿（见图 8-20）了。补偿的方法有很多，比如原商品打折、赠送精美小礼品等。作出适当的补偿是挽留顾客的一种有效手段，不必心疼这一点损失，留住一位顾客所能带来的价值要远比你赠送的礼品高。

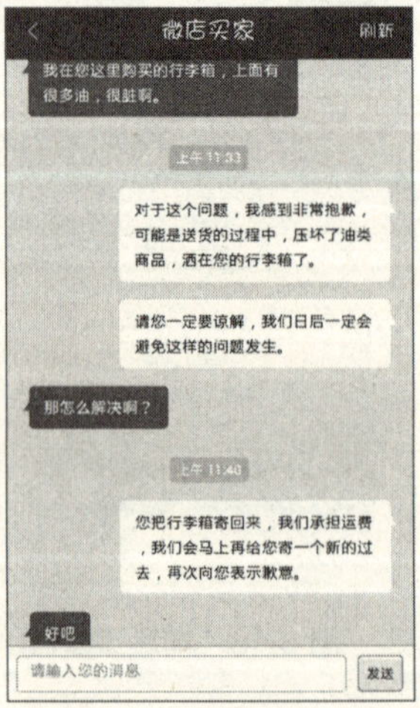

图 8-19　向顾客真诚致歉

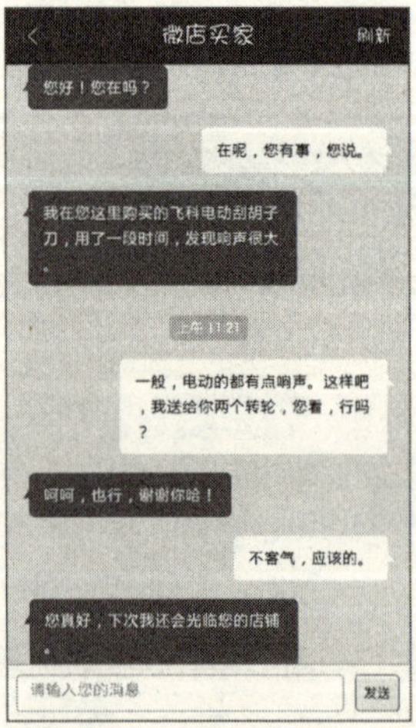

图 8-20　作出适当的补偿

以上是在处理顾客抱怨时比较常用的几种方法，当然，其他方法还有很多。对于店主来说，方法其实不重要，重要的是能让顾客满意，重新获得顾客的信任。其实，只要你能真诚地为顾客想办法，并拿出实际行动，就能让顾客感受到你对他的重视，这样一来，顾客再大的不满也能够轻松化解。

↗如何避免顾客退货

在整个销售环节中，店主最担心的事情就是退货。一般来说，顾客退货的原因不外乎三种：第一，商品质量有问题；第二，商品无质量问题，顾客因主观原因而退货，比如不喜欢商品或者商品与图片不符等；第三，商品在质保期内退货。

顾客在合理范围内要求退货无可厚非，店主也应该积极给予处理，让顾客满意。但是，对顾客来说，退货会直接对其购物体验产生负面影响；而对店主来说，退货也是一件处理起来十分烦琐而且会造成一定损失的事情。那么，有没有什么方法可以降低退货的几率，防患于未然呢？图 8-21 列出了几种预防顾客退货的方法。

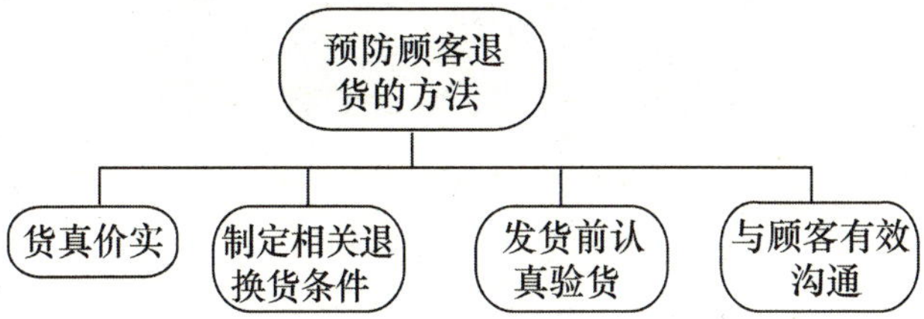

图 8-21　预防顾客退货的方法

1. 货真价实

货真价实永远是经商的第一条准则，尤其当你销售的是黄金、珠宝或知名品牌的商品时。如果你经营的是假冒伪劣商品，那么必定会遭到顾客的投诉，不仅退货不可避免，还有可能殃及店铺的生存，甚至受到相关法律法规的制裁。所以，店主们一定要把眼光放长远一些，不要为了眼前利益而冲昏头脑，售卖假冒伪劣商品。

2．制定相关退换货条款

对于在合理范围内提出退换货的顾客，卖方自然要积极为之处理，使之满意。但是现实经营中，有许多顾客在不满足退换货条件时也会要求退换货。这时候，如果店主不答应，难免会引起顾客不满，最终导致顾客流失，甚至影响店铺口碑。可如果店主答应退换货，则要承担一定的经济损失。这时候该怎么办呢？

其实，要想解决这个问题并不难，只要店主在开店之初就制定出退换货的相关条款（见图 8-22），比如退换货范围包括哪些、退换货期限是多长时间、因退换货而产生的运费该由谁来出、退换货货款该如何支付以及违约责任等。制定好相退换货的相关条款，并在交易前提醒顾客，就可以在很大程度上避免不合理退换货情况的发生。

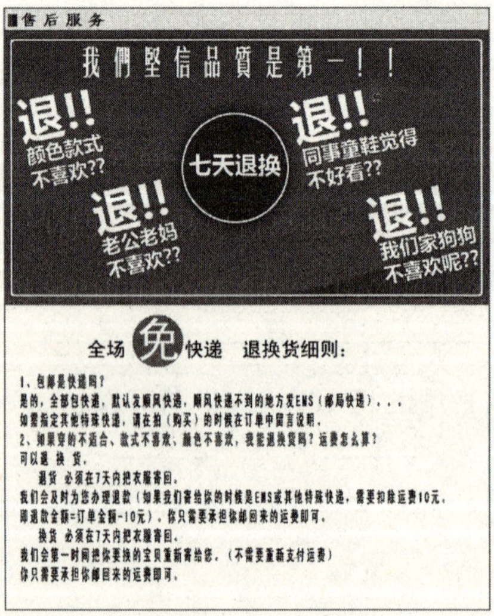

图 8-22　退换货条款

3. 发货前认真验货

退换货是任何店主都不愿遇到的情况，但在实际的店铺经营中，这种情况却是不可避免的。不过，虽然顾客要求退换货的原因有许多，但其中一些是完全可以避免的，比如发货环节出了差错、商品的尺码或型号发错了，甚至是发了残次品等。这就要求店主在发货之前一定要认真验货（见图 8-23），保证发给顾客的商品是完好无损的，并且尺码、型号与订单要求一致的，这样才能有效避免退换货情况的发生。

图 8-23　加强验货

4. 与顾客有效沟通

为顾客提供售后服务时，与顾客进行有效的沟通十分重要。有时候，通过沟通，完全可以避免退换货情况的发生。

一般来说，当顾客要求退换货时，店主要耐心地询问退货原因。如果确实是商品的质量存在问题，那应该满足顾客的请求，并赠送一些小礼物作为补偿，最大限度地挽留住顾客。如果是商品质量以外的原因，比如顾客对物流不满意、对服务不满意或对商品不满意等，这时候就要与顾客进行细致的沟通了，该道歉就道歉，该补偿就补偿。总之，只有一个原则，那就是尽可能说服顾客打消退换货的念头。虽然沟通并不一定能解决所有问题，但如果没有沟通，就一定换不来顾客的理解和认同。

总之，无论售前还是售后服务，店家都要认真对待，每一个环节都不能忽视。只有这样，才能提高用户体验，减少退换货情况的发生。更重要的是，避免了退换货，就有可能提升复购率，进而提升店铺的销售量和口碑。

↗售后特殊情况的处理

日常生活工作中，我们难免会遇到一些特殊情况，经营微店同样如此，售前、售后都有可能出现突发状况。面对特殊情况作出适当处理是店主们必须要掌握的技能，如果处理不当，很可能由于这些情况导致顾客流失。那么，在微店经营中，尤其是售后服务中，一般都会发生哪些特殊情况，店主们又该如何正确处理呢？图8-24展示了常见的几种特殊情况，下面进行一一分析。

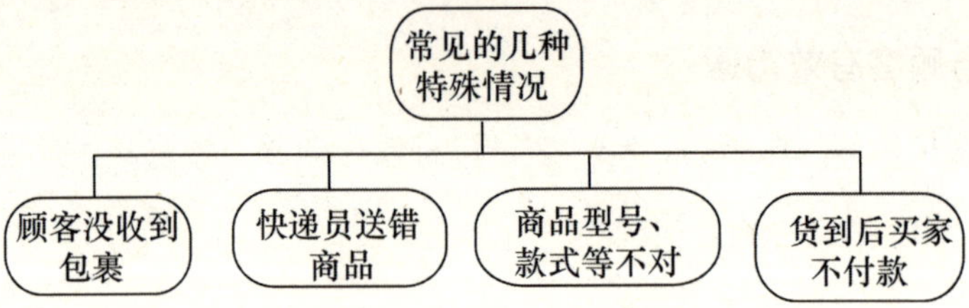

图8-24 常见的几种特殊情况

1. 顾客没收到包裹

顾客没收到包裹这种情况还是比较少见的。一般情况下，出现该情况的原因很可能是在物流环节，也许是快递员送错了地方，也许是快递员没有将包裹送到顾客本人手里（比如放到了小区的门卫处）。出现这种情况时，顾客一定会打电话向店主询问，这时候店主要先道歉，并承诺立即查询。查询之后，要及时解决问题，然后把情况第一时间告诉顾客，让对方放心。

2. 快递员送错商品

这种情况还是时有发生的，当买家打电话向店主投诉送错商品并获得确认时，千万要记得首先向买家致歉，然后作出在最短时间内换货的承诺。并且，由于这种错误发生在卖家身上，所以，店主还应当承诺由卖家承担换货运费。

3．商品型号、款式等不对

出现这种情况，一定是发货环节出了问题，这时候必然会涉及退换货的问题。在处理这样的问题时，店主同样要先道歉，然后对顾客提出来的退换货要求表示理解。当然，最好的结果是换货，所以要尽量说服顾客不要退货。这时候，由于退换货所产生的运费就应该由店主来承担了。

4．货到后买家不付款

出现这种情况的概率相对较低，如果出现了，很可能是买卖双方之间存在一些误会或矛盾。这时候，店主应该主动联系顾客，将误会解释清楚，把矛盾化解开，这样一来问题大多会迎刃而解。当然，如果碰到态度强硬且拒不付款的顾客，店主也可以视情况选择寻求相关部门的帮助。

总之，在微店经营中，难免会遇到这样那样的特殊情况。店主要牢记一点，无论发生什么特殊情况，都要保持镇定、积极的心态，然后寻求合理的办法去解决问题。这是处理问题的前提，也是各位店主经营微店应有的态度。

↗服务分销商，保持长期有效推广

在微店经营中，一提到“服务”两个字，绝大多数店主首先想到的就是为顾客提供优质的服务。“顾客就是上帝”，为他们提供最优质的服务无可厚非，那么是不是店主们服务的对象只有顾客呢？答案当然是否定的，其实除了要服务好顾客之外，店主们也不要忽略了对自己分销商的服务。

从某种意义上来说，店主与分销商的关系和店主与顾客之间的关系同等重要，因为分销商同样是为店主创造价值的人，而且他们所创造出来的价值要比普通顾客大得多。事实上，由于经营性质的原因，微店里售出的商品有相当一部分是通过分销商来实现销售的。分销商之所以拥有如此强大的销售能力，是因为分销商并不是一个个体，他下面还会有自己的分销商，这些分销商下面可能还有分销商，就这样一层一层、一级一级发展下去，便构成了分销商庞大的群体和强大的推广能力。

店主与分销商是利益共同体，要想经营好自己的微店、快速打造个人品牌，就必须像服务好顾客那样服务好你的分销商。下面就来讲讲如何服务自己的分销商的几个关键点（见图 8-25），供广大店主们参考。

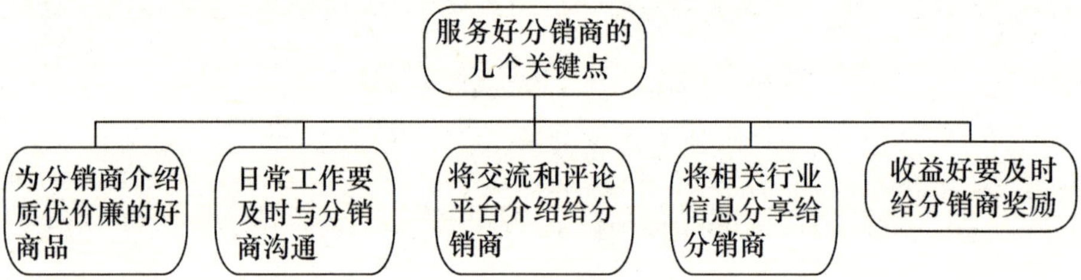

图 8-25　服务好分销商的几个关键点

1. 为分销商介绍质优价廉的好商品

质优价廉的好商品到哪里都受欢迎，对于依靠推广商品赚取利润的分销商来说，这种商品绝对是他们的最爱。如果店主想把分销商与自己一直捆绑在一起，就要为他们提供更多质优价廉的好商品，让他们从推广中获取更多佣金。佣金是分销商最大的动力，佣金多了，他们就会格外努力地推广你的商品，为你的微店带来更高的销量。

2. 日常工作要及时与分销商沟通

分销商每卖出去一件商品，就会与店主之间按比例共同分享推广佣金，一般来说，店主占佣金的比例都高于分销商。这样一来，难免会让一些分销商心里产生不平衡，尤其是那些推广成效十分显著的分销商会认为，自己为推广付出了许多努力才拿到了一小部分佣金，可店主却很轻松拿到了大部分佣金，这样似乎很不公平。可是事实是这样的吗？当然不是，店主的工作并不轻松，不仅要像分销商一样尽力推广自己的店铺和商品，同时还要做一些分销商不用负责的工作，比如与厂商联系、为顾客做好各项售后服务等。

所以，为了避免分销商产生这种消极的思想，店主就有必要把自己的日常工作事无巨细地告诉分销商，让他们了解你的工作并不比他们轻松，而是比他们要付出更多的时间和精力。只有随时随地与分销商沟通，让他们了解你的工作，这样才能让他们打消疑虑，为推广店铺和商品付出更多的努力。

3. 将交流和评论平台介绍给分销商

没有沟通和交流就无法产生信任，如果分销商不信任你，自然也不可能与你长期合作。一般来说，店主与分销商之间的联系主要依靠网络上的各种社交平台，所以，要想让分销商信任你，就要做到资源共享。比如，你可以将你与其他分销商交流和评论的平台共享出来。或者，你可以在社交平台上建立你的专属分销商交流社区，也可建立一个分销商 QQ 群，让所有的分销商在一起互相交流，分享彼此的推广经验。这样做不仅有利于你管理分销商，还有利于分销商改善推广方案。另外，当分销商遇到相关问题而店主暂时想不出好办法时，可以利用这些平台让其他分销商一起帮忙想办法。人多力量大，再大的难题都会迎刃而解。

4. 将相关行业信息分享给分销商

跟店主比起来，分销商更多的精力在店铺的推广方面。如果店主能把相关行业信息分享给分销商，那么不仅有利于增加彼此之间的信任，而且也非常有利于分销商做推广。这是因为，分销商了解了相关行业信息之后，他在与顾客互动时就会更专业，也会得到顾客更多的信任，推广效果自然会更好。因此，只要不涉及自己的商业机密，店主可以多将行业信息分享给分销商，这也是对分销商的一种激励。

5. 收益好要及时给分销商奖励

店主的收益有相当一部分来自于分销商，所以，要想鼓励分销商更好地完成推广任务，店主就要给分销商相应的奖励。一般来说，店主可根据分销商所售卖的商品件数或者商品总金额来发放相应的奖励，不论是增加分销商的佣金比例，还是直接给分销商一定金额的佣金，都是激励分销商努力推广的一种方法，同时也是回报分销商为自己的店铺推广所付出的努力。有了奖励，分销商才会努力去推广，对于双方来说是互利共赢的。

以上就是服务好分销商的几个关键点，只要店主能将这些方法一一落实到具体的工作中，一定会获得分销商更多的信任。到时候，他们自然会用心去推广店铺，为你的微店创造更多的业绩。

第九章

精彩案例解析：像他们一样开一家成功的微店

他山之石，可以攻玉。前面介绍了很多关于微店的知识，本章将为大家介绍一些经营微店的成功案例，希望可以让广大微店店主找到自己的学习对象，并从中总结出一些开店经验，为己所用。

↗“哈爸”开微信小店，日进三万三

对于熟悉微店的人来说，相信对“哈爸”这个名字都不会感到陌生。2014年2月24日，做微店不到一个月的哈爸，其微店当天的营业额就达到了33152.5元。第二天，由于买家众多，不到下午两点，商品就已经断货，不得不下架。然而，仅仅一个上午，哈爸的销售额也达到了14637.5元。

哈爸原名余春林，曾是某门户网站图书频道的一位负责人，之后专职做起了自媒体，最后成功地做起了微店生意，销售“经典绘本”（见图9-1）。其实，从履历来看，哈爸并没有什么特别之处，甚至可以说很普通。可是，为什么他的微店获得了如此巨大的成功呢？或许有人会说，哈爸一定有一颗精明的商业头脑，但哈爸却自称自己并不是一个生意人。这样的回答更加重了人们心中的疑惑，一个不是生意人的普通人竟然可以把微店做得如此出色，他的秘诀到底是什么呢？

图9-1　哈爸微店销售的绘本

1. 通过内容发展粉丝

哈爸获得成功最重要的原因之一就是他很注重粉丝的力量。最开始，他只是单纯地用心经营着自己的微信公众号，通过发布关于亲子教育和婚姻家庭的音视频、绘本内容以及相关文章，建立、发展着自己的妈妈粉丝群。

在哈爸眼里，内容不一定非要原创，只要能够为粉丝们带来价值就是好内容。

同时，他还不断调整内容，结果只用了一年时间，他就让自己的粉丝数量达到了3万多人。

2. 展示自己，与粉丝建立关系

在哈爸眼里，阅读内容很重要，但与粉丝建立关系更重要。哈爸认为，通过微信公众号与粉丝建立关系的关键就在于真诚和用心。哈爸通过自己的“闲谈”展示着自己，并与粉丝形成了良好的互动关系（见图9-2），粉丝们因此给他起了一个亲切的称呼“哈爸”。

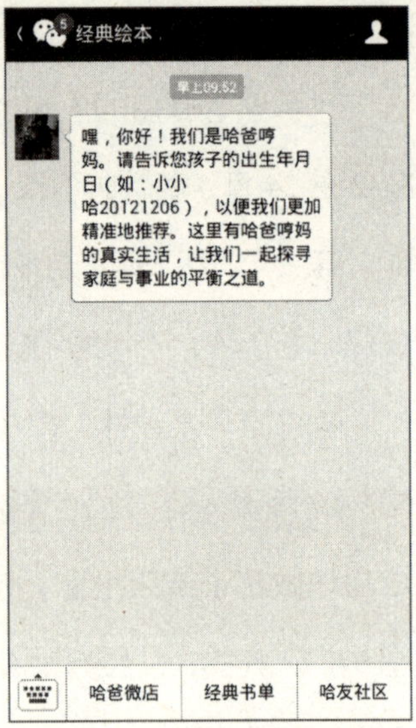

图9-2 哈爸与粉丝互动

那么，哈爸到底是怎样与粉丝建立关系的呢？哈爸认为，很多时候微信内容可以很简单，不一定非得是文章，几句简单的闲谈或许就能展示自己的“人格魅力”，闲谈的形式也不必拘泥，可以是文字，可以是图片，也可以是语音。另外，哈爸认为不能忘了展示自己的专业（长处），他曾在教育机构工作过，在儿童阅读方面有着天然的优势，这也为他日后成功经销“儿童绘本”埋下了伏笔。

3. 销售粉丝想要的东西

在卖什么东西的问题上，哈爸尝试过很多领域，但绕来绕去最终还是回到了绘本童书这一领域（见图9-3）。原因就在于，哈爸觉得自己应该销售粉丝想要的东西，只有以广大粉丝的需求为出发点，微

图9-3 哈爸微店的商品

店才能发展起来。事实证明，哈爸的选择是非常明智的。

确定了卖什么之后，剩下的就是怎么卖的问题了。刚开始，哈爸只是在自己的微信公众号上卖书，从推荐、联系到快递、转账，卖出一本书需要做很多复杂的工作。尽管操作过程很烦琐，但哈爸的销售成绩还是很不错的，而且在这个过程中获得了广大粉丝的信任，这也为他日后成功做微店打下了坚实的基础。

4. 与商家合作，做自己擅长的事

哈爸在微信公众号卖书的时候就一直在寻找合适的手机开店平台，他尝试过淘宝网、皮皮商城等众多网店平台，但都被过高的门槛挡在了门外。最终，哈爸在粉丝的建议下，选择了口袋购物推出的"微店"手机应用，这是一款简单、易操作而且没有门槛的手机应用（见图 9-4）。上线仅仅一周，哈爸微店的交易额就达到了两万元。

图 9-4 "微店"手机应用

在哈爸看来，粉丝在很多方面都发挥着至关重要的作用。经过与粉丝频繁互动，哈爸了解到粉丝非常认同汪培珽和廖彩杏推荐的英文书单，而该书单的阅读率和转发率都很高，很多粉丝都想购买。由于对哈爸的信任，所以他们都热切希望哈爸能够为他们提供这一服务。于是，哈爸开始寻找货源，并想到了天猫店。之前，哈爸在微店里销售过天猫店的英文书，粉丝在他的微店下单，他将收件人信息和钱交给天猫店，由他们发货给粉丝。当哈爸得知天猫店有货源，就决定与他们再次合作推出团购活动，由商家自己定价，只要全网最便宜，就算是便宜一毛也行。当然，哈爸要抽取一定的佣金。

哈爸把产品资料上传到微店后，就开始在自己的微信公众号做推广，然后就有很多粉丝进行抢购，于是便创造了日进3.3万元的“奇迹”。

用微店做生意非常简单，只需做好内容，做好推荐，不需要进货，不需要管理库存，不需要发快递，甚至不需要自己提供售后服务。哈爸微店的成功证明：即便是一个对经商没有深入研究的人也可以成功经营微店。用哈爸的话来说，就是“我这样一个只会做内容，但愿意与粉丝用心互动的人，也可以把微店做起来”。

↗退伍军人在微信朋友圈卖水果

2014年4月29日，某人的微信朋友圈悄然出现了这样一则信息：“因本公司业务需要，现诚招客户代表若干名，要求具有两年以上客服工作经验，对财务知识有一定了解；另招送货员三名，有意者请咨询1865919××××张裕。”

这位名叫张裕的微信用户是一名退伍军人，脱掉穿在身上七年的军装后就一直琢磨着做点什么生意，左思右想，他最终选择了门槛较低的在线卖水果生意。

最初张裕是在微博上卖水果，订单不少，但总会因为各种原因而漏掉很多订单。而且，由于一般都是货到付款，付款时使用的是支付宝，所以交易过程有些烦琐。微店出现后，张裕很快抓住机会，注册了自己的微店——“果in-鲜果速递”（见图9-6）。这样一来，他的在线水果生意比之前好了许多，漏单的情况也少了。最后，张裕开始将自己微博上的粉丝引到微信上，经过一段时间的过渡，微店平台打通后粉丝实现了有效的转化，业务开始逐渐递增，然后就有了上面的招聘启事。

随着微店业务和规模的扩大，张裕的微店已经一步步向成功迈进，那么，他的成功之处又在哪里呢？下面我们就为大家梳理一下。

1. 挑选最好的水果给顾客

卖水果入门门槛低，不过要是卖一般的水果，则不具备竞争优势。另外，水果不同于其他商品，容易腐烂，不易保存。所以，为了保证水果的质量和品相，张裕会和他的同事花费很长时间挑选水果（市面上不常见的、人们普遍喜欢的），挑选完毕进行拍照（见图 9-5），然后发到微信朋友圈进行宣传，同时发布微店链接。而且，为了树立口碑，他们还会试吃很多水果。总之，就是尽一切可能把最好的水果卖给顾客。

图 9-5 张裕的微店平台

2. 朋友圈每天发布八条以内信息

张裕说，自己不会没日没夜的向朋友圈推广自己的水果，因为那样不一定能带来销量。他每天发布的信息基本控制在八条以内，而且相邻两条内容的发布都会有一定的间隔，绝不会频繁发布（见图 9-6）。这样一来，大多数微信好友都是在偶尔的情况下看到这些信息，主动转发的概率自然高了许多。而且，张裕发布的水果图片都是经过精心挑选的，往往会吸引大量微信好友的眼球，这也是他们愿意帮助他转发的另外一个原因。有时候，如果无法避免发布很多内容，张裕大多会选择在

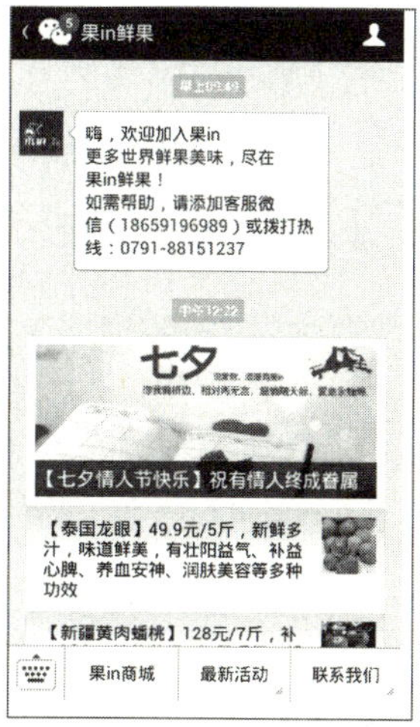

图 9-6 张裕发布的商品信息

半夜进行操作，这样就不会影响到微信好友的休息。

此外，微信朋友圈也可以使用“@”提醒功能来强推商品。虽然朋友圈没有转发功能，但是可以复制分享进行“转发有优惠”的病毒传播。此外，“买家秀”也是一个不错的推广方式。不过，考虑到对微信好友的干扰问题，张裕选择在微博发布“买家秀”。

3．朋友圈的销售小活动

促销是提升销售额的一种有效方式，张裕就经常在微店上推出一些小活动，通过限购、预售、猜价、优惠等一系列活动促销，效果很好（见图 9-7）。

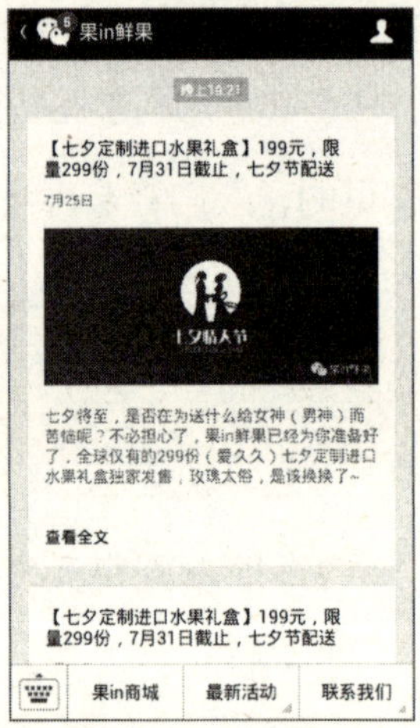

图 9-7　2014 年“果 in 鲜果”的七夕活动

（1）限购。限购是许多商家惯用的一种促销方式。很显然，张裕的水果库存肯定要比“铁粉”的数量多，即便如此，限购也是必要的。小米手机惯用的“饥饿营销”同样适用于水果销售，张裕自然深谙此道。

（2）预售。预售同样是一种常用的销售手段。不过，预售需要好理由和好产品，否则很可能会适得其反。张裕选择用樱桃做预售活动，收到了很好的效果，首先樱桃是当地（南昌）人最喜欢的水果之一；同时张裕告诉顾客，之所以预售是因为果农要根据大家的需要进行采摘，而且是空运到本地。如此一来，预售异常火爆。

（3）猜价。通过猜价活动，张裕让顾客知道，他卖的水果在市场上都是很少见的。另外，通过这种方式，他还将一些产品信息以互动的方式间接地传递给了顾客，避免因生硬的说明让顾客产生反感。

（4）优惠。由于微店商品不显示定价，客户无法得知具体优惠内容，所以一般情况下，折扣优惠活动并不适用于微店。不过，张裕用樱桃来做这项活动就大不一样了，因为当地人对樱桃的价格可以说是“门清儿”，所以，他的优惠活动取得了很不错的效果，同时也让更多的客户开始关注他的公众号和微店。

4．在微信朋友圈打造自己的品牌

当广大粉丝或客户对微店产生信任感之后，店主就要着力在朋友圈打造个人品牌了。那么，张裕是通过什么方式打造个人品牌的呢？

张裕会在朋友圈分享一些阳光、积极、带有正能量的信息，如一些意见领袖的建议、赚钱小窍门等。另外，张裕还会通过拉家常的方式和买家进行互动，还会不时地评论一下顾客发布的内容，问个问题或点个赞（见图 9-8）。这些举动看似无足轻重，但却具有独特的互动价值，可以说是打造个人品牌的一种日常积累。

图 9-8　品牌推广

张裕的成功说明了这样一个道理：无论怎样，真实的才是打动人心的，用心才能得到别人的信任。所以，当你在朋友圈发布信息时，一定要选择那些充满正面引导元素并能引发互动的信息，这样才会让微店的商品推广工作事半功倍。

↗海外全职妈妈从零开始做微店

或许有人会说，开微店是那些有充裕时间并将此作为一项事业的有志之士才能做的，其实不然。下面我们就向大家介绍一位全职妈妈从零开始做微店的故事，这个故事告诉大家，原来还可以一边带孩子一边做生意赚钱。

晶晶是一位生活在海外的全职妈妈，在新西兰生活了近20年。开微店之前，晶晶每天的生活主要就是围着孩子转，那时候她觉得只要能每天看着女儿成长，就是最幸福的事情了。不过，海外的生活负担并不轻，她也需要赚钱吃饭、养家，甚至还要还房贷，于是她总是在想：如果能够一边带孩子一边赚钱该多好！

一个偶然的机会，晶晶在微信朋友圈中闲逛时无意进入了一个朋友的微店。经过一段时间的了解，原本对在微信朋友圈卖东西很反感的她开始对微店产生了兴趣。于是，抱着试一试的想法，晶晶注册了一家微店，取名为“纯净新西兰”。当时，微店刚刚兴起，不但功能不完善，而且没有什么资料供她学习，一切都要从零开始摸索。那么，晶晶到底是怎样做的呢？

1．新西兰直邮

晶晶是一个善于学习的人，她很快就弄清了在微店进行交易的前提是获得朋友的推荐和信任。同时，她也弄清了货源是微店成功的根本保障。晶晶很清楚，自己不仅要找到正品货源，还要找到适合自己这个全职妈妈的货源。通过一位朋友的帮忙，晶晶决定在微店上销售一些护肤品和保健品（能够直邮到国内）。

光看名字就知道，“新西兰直邮”这个独特的卖点让晶晶的店铺赢得了很多人的信任，客户的包裹能够实现全程跟踪，商品的品质很有保证，并且绝对不会出现假货（见图9-9）。

2. 在论坛混个脸熟

解决了货源问题之后就是推广问题了，这对于在国外生活了近 20 年的晶晶来说是一个很大的挑战。由于微信里国内的朋友很少，同时为了不干扰新西兰的朋友，晶晶重新申请了微信账号，真正从零开始做微店。

图 9-9 “纯净新西兰”微店页面

由于自己本身就反感在朋友圈频发广告，将心比心，她没有通过刷朋友圈的方式来推广自己的微店，而是选择了一个名为“宝宝树”的论坛先混了个脸熟。在这个论坛的利用上，晶晶有巨大的优势，因为晶晶销售的商品中有准妈妈们需要的保健品，而且晶晶在怀孕期间经常混迹于宝宝树，可以说对这个论坛熟门熟路。抱着交朋友的想法，她开始在论坛中选择一些有争议性的话题开始自己 “看帖、回帖”的奋斗历程。她会优先回复等级较高的网友的问题，时间一长，她的网友越来越多，这成为了她的一笔巨大财富。

3. 成为批发商

通过在论坛中广泛交友，很多网友加了晶晶的个人微信。2014 年 2 月 2 日，晶晶的微店正式上线，一个月后，她的微信好友就达到了近百人，并且微店的销售额已经破万元。另外，宝宝树中的很多妈妈和百度贴吧中的一些网友还成为了她的代理商。

晶晶经常在“微店吧”发帖，“微店吧”是口袋购物的官方百度贴吧，这里汇集了很多正在寻找货源的微店店主。晶晶将自己的开店经历分享出来，赢得了众多缺乏开店经验的店主的好评，很多人开始主动联系她并代理她的产品（见

图 9-10）。

4. 有创意的推广

除了这些，晶晶还通过开展一些活动鼓励朋友们帮她推广。微店官方举办过评选“金牌掌柜”活动，晶晶的微店被选中并曝光，之后两天内店铺流量暴涨近十倍，再加上活动本身获得的转发流量，使她的微店获得了极好的推广效果。

此外，她还加入了一个微商联盟，盟友都是互相熟悉的商家，每个商家都有一定数量的好友或用户，每天三人为一组去推广各个商家的微店，而且她设置的推广内容是以朋友聊天的方式进行的，所以更容易被人接受（见图 9-11）。

图 9-10　晶晶微店友情店铺

图 9-11　业务洽谈

为了更长远的发展，目前，晶晶正在和她的朋友们筹划以微信公众号的形式来做微店的推广工作。相信在不久的将来，她还会有更多的开店经验分享给大家。

↗10岁小孩微店卖画，月入千元

前面讲了几位成年人开微店的成功故事，下面给大家介绍一个小孩子开微店的故事，相信会给各位微店店主带来不一样的启发。

扇面、马克杯以及T恤上的创意画，这一件件独特的美术手工艺品的创作者是一位名叫桑妮的“00后”小女孩，她用互联网开启了自己的创业之路。

2014年，桑妮刚满10周岁，她的妈妈是一位画家，桑妮每天放学后都会在妈妈的画室里整理画作。她讲起话来像个小大人，俨然一副成功商业者的样子。桑妮的性格比较安静，不过每卖出一件作品，她就会高兴得跳来跳去，像个小猴子一样。妈妈说，桑妮从小就喜欢画画，不过，让她没想到的是，女儿在画画之余，竟然想到利用自己的一技之长做起了生意，而且还获得了小小的成功。那么，10岁的桑妮到底是怎样成功的呢？下面我们就来一起看一看小姑娘的“创业史”。

1．没想到“00后”如此新潮

2014年4月，一名毕业于四川美术学院的大学毕业生在朋友圈里发现好友开了一家微店，便进去看了看，发现售卖的东西主要是扇面、马克杯、T恤、丙烯画等美术工艺品。他发现这些作品不仅风格迥异，而且创意十足，售价从十几元到上百元不等（见图9-12）。

这些作品的名称后面都有年龄的标注，如“花园城·布面马克笔·7岁”“对视·丙烯·10岁”等。对此不解的他便去寻问好友这是怎么回事，结果令他大吃一惊，原来这个微店的店主并非自己的好友，而是好友10岁的女儿，而且上面出售的所有作品都是出自这个10岁的小女孩之手。这位大学毕业生感到十分震惊，当天他就花150元买下了一幅马克杯画。

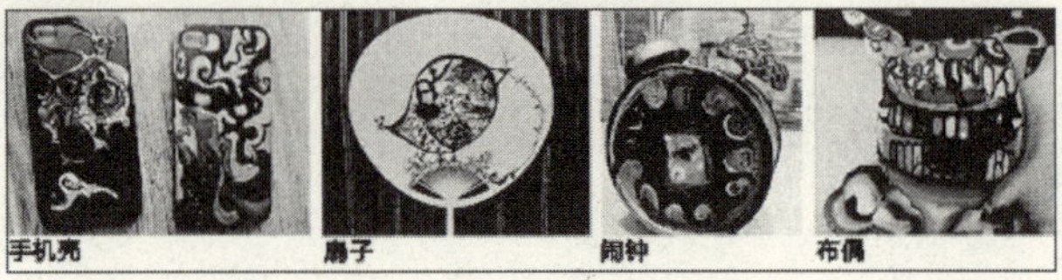

图9-12 桑妮的作品

2. 从手工绘画看到商机

每天放学时，桑妮都会看到街边的地摊、商铺里有各式各样的手机外壳。桑妮看在眼里，记在了心里。有一天，她让妈妈在网上订购了一些苹果手机壳，然后自己在上面进行手工绘画。第二天上午，她拿了五个画好的手机壳去学校，结果在放学前就被同学抢购一空。还有一次，桑妮买了两只马克杯，并在上面画了两幅图案，作为生日礼物送给舅舅，舅舅至今都将这两只马克杯当宝贝一样收藏着。

看到画作如此受欢迎，母女俩便萌生了售卖创意绘画的念头，微店的出现和发展让她们的这个念头渐渐变成了现实。

3. 人气小物件穿上"画衣"

桑妮从小受到美术的熏陶，喜欢什么就画什么。对她来说，由于母亲就是搞绘画创作的，所以家中颜料、画笔、画板等都是现成的，绘画条件很充足。而其他如T恤、马克杯、扇子等材料，也可以从网上轻松买到。

开了微店之后，桑妮画画的热情更加高了。每完成一件新作品，母女俩就会立即拍照上传，然后分享到朋友圈里（见图9-13），每次都会有很多亲朋好友来捧场。同时，小桑妮对畅销商品的选择也很

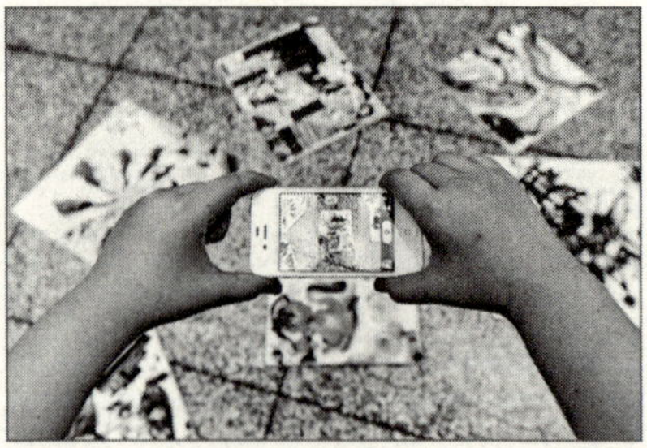

图9-13 桑妮给自己的作品拍照并上传微店

在行，每次发现一些人气很高的小物件时，都会第一时间买来尝试。

4．一个月收入 1270 元

开店一个月，小桑妮的收入就已经达到了 1270 元，卖出的作品主要是丙烯画和马克杯画。在妈妈看来，小店经营的并不是纯粹的商品，而是艺术品以及女儿的认真。

桑妮的妈妈表示，作为家长，她会一如既往地支持女儿的爱好和选择，并且会帮助女儿一起将微店经营下去。

“80 后”已为人父母，“90 后”已进入职场，在“00 后”眼里，网络就像自来水一样成了生活必需品。桑妮充分发挥了自己的一技之长，合理运用互联网平台，最终在网络上找到了属于自己的一片天地，她的特殊经历很值得我们学习和借鉴。

↗微店卖奶让女大学生月入两万元

大学生创业一直是社会关注的热点话题，从“猪蹄西施”到“90 后”个性店主马佳佳，再到别出心裁的“中国大姨夫”，大学生们在自主创业的道路上挥洒着他们的激情和创造力。

由于年轻，大学生对于新生事物的接受能力更强一些，在一些新兴领域经常可以看到他们创业的身影，而且总能一鸣惊人。随着微店的兴起，一个名为“浙师大订奶团队”（见图 9-14）的微店火爆上线，掀起了一股热潮。

图 9-14 “浙师大订奶团”的幽默宣传方式

只要身在浙江师范大学周边，加上“浙师大

订奶”这个微信号，你就会收到该微店的自动回复欢迎语（见图 9-15），当你提出相关问题之后会立刻收到回复（见图 9-16）。同时，在每条回复的最后都有微店的网址链接，直接单击就可进入“浙师大订奶”微店的主页（见图 9-17），里面显示的就是他们所售卖的各种牛奶（见图 9-18）。“浙师大订奶”所售卖的牛奶都是包月的，价格在 90 元至 135 元之间。

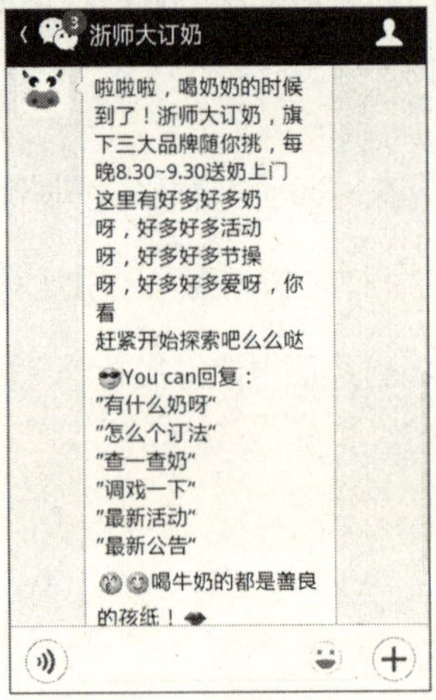

图 9-15 “浙师大订奶”的自动回复欢迎语

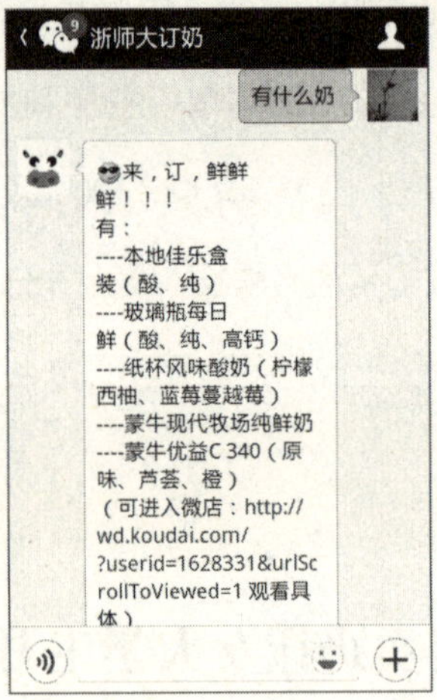

图 9-16 自动回复相关问题

图 9-17 “浙师大订奶”主页

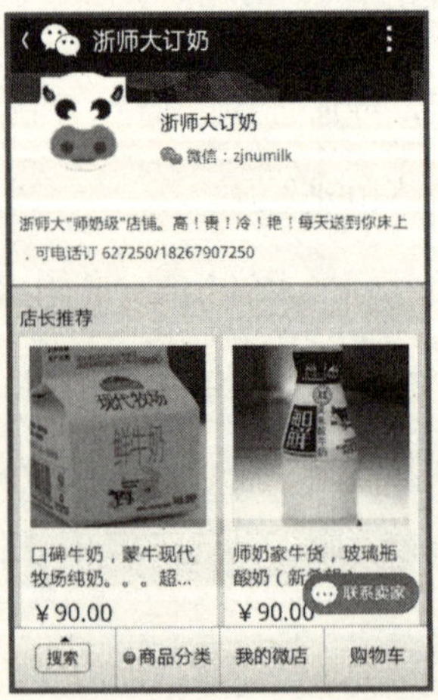

图 9-18 “浙师大订奶”售卖的各种牛奶

“浙师大订奶”一共有四位创建人，分别是魏榕、余艾洁、李娜和付晨洋。其中，付晨洋是唯一的男生。他们都是来自浙江师范大学广告专业的学生（见图 9-19）。在卖牛奶之前，他们四个人已经成立了创业团队，而且已经在其他领域尝到了一些甜头，但大多只是小打小闹。2013 年 9 月份，他们经过调研发现，浙师大的学生大多喜欢睡前喝牛奶，于是他们便有了卖牛奶的想法。与学校周边的“鲜奶吧”不同的是，他们卖的是真正的鲜奶，而且送货上门。说干就干，四个人首先去找奶源，本地企业佳乐很快成为他们的合作方。货源有了，该在哪里卖呢？当时微店还未盛行，但微信却已经很火爆，于是他们决定在微信上卖奶，便申请了“浙师大订奶”这个微信号。

图 9-19 “师奶团队”的四位合伙人

他们利用广告专业学生特有的营销技能，很快便让“浙师大订奶”在校园里有了名气，订单接踵而至。截至 2013 年年底，他们就拿到了 100 多份订单。2014 年年初，微店开始盛行，他们趁势开了一家微店，开店不到半年时间，团队成员就增至七八个人，月营业额就达到了两万元，成绩斐然。那么，“浙师大订奶”为什么能够在这么短的时间内取得这样好的成绩呢？他们的成功有哪些值得我们借鉴的地方呢？下面我们就来详细分析一下。

1. 创业前的调查至关重要

详尽的市场调查对于创业来说至关重要，“浙师大订奶”的四位合伙人都清楚这个道理。因此，在卖奶之前，他们首先在校园里做了一个市场调查（见图 9-20），他们通过调查发现，有许多学生都有睡前喝牛奶的习惯（见图 9-21），而且他们最喜欢喝的是鲜奶（见图 9-22）。他们从这份报告中看到了商机，便开启了卖奶之旅。

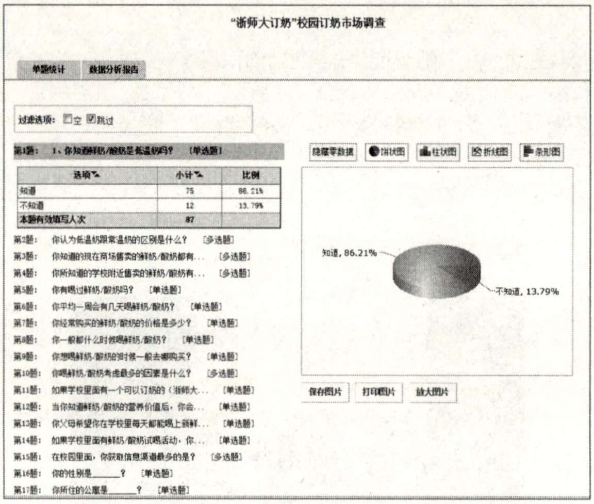

图 9-20 “浙师大订奶”校园订奶市场调查

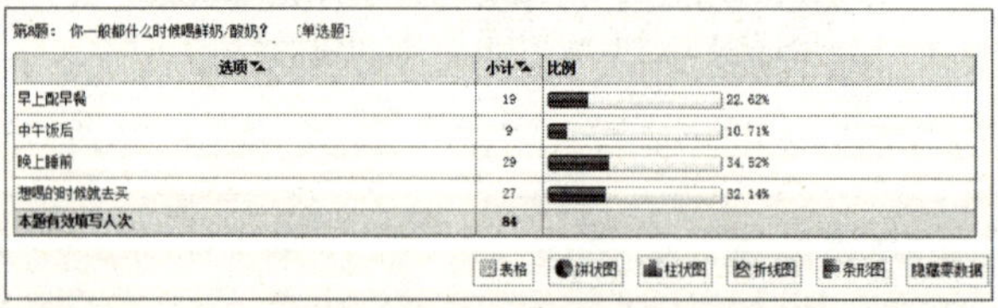

图 9-21 调查发现浙师大学生都喜欢晚上睡前喝奶

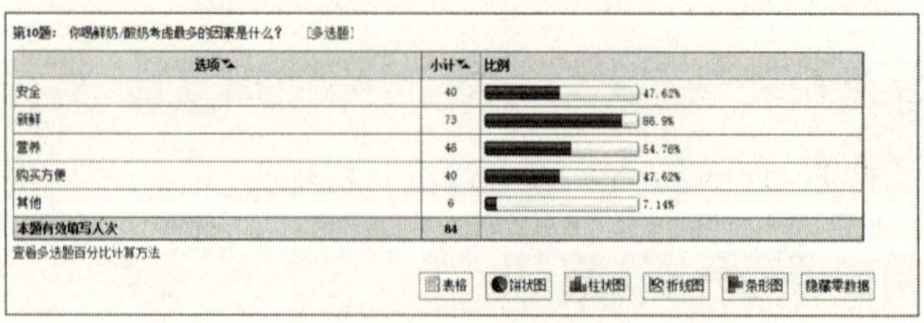

图 9-22 浙师大学生最喜欢喝新鲜奶

2．不能轻易买到的东西最有市场价值

通过调查他们发现，同学们通常是从超市里买一箱牛奶，然后放在宿舍里慢慢喝。虽然这些牛奶都会在保质期内喝完，但其新鲜程度毕竟无法跟真正的鲜奶相比，于是他们决定卖玻璃瓶装鲜奶。一般来说，鲜奶的保质期要远比超市里卖的纸盒牛奶短，一般的超市担心卖不掉会浪费，所以大多不会进这种货。也就是说，即使同学们想买这种奶，也是很难买到的。不容易买到的商品当然是紧俏货，当然就会有市场，所以他们每天专人配送的鲜奶受到了同学们的欢迎。

3．创业过程也是不断解决问题的过程

在卖奶的过程中，他们解决了一个又一个问题。第一个问题就是派送的问题。最初，他们为每栋楼配了一名固定的配送员。可是很快问题就出现了：有的楼订货多，生意好，配送员自然很开心；可有的楼订货少，生意惨淡，配送员自然高兴不起来，因为送多送少跟他们的利益是直接挂钩的。四个人经过商量之后决定，按片区派送。可是不久之后，问题又出现了，如果负责某一片区的配送员不干了，那么就可能造成这个片区的奶断档。经过再次商议，他们最终找到了解决问题的方法，那就是除了每天固定的配送员之外，再招聘两个专门负责接奶的小队长和三四个负责接单和人员调配的后备送奶员。这一下，派送的问题得到了彻底解决。

第二个问题就是玻璃瓶的问题。装牛奶的玻璃瓶是可以回收的，他们进货时向企业交了押金，不过在配送的时候为了获得更多订单，他们并没有向同学们收取押金，结果问题来了。由于配送员送奶时没有向客户们解释清楚，结果第二天去取瓶子时，有些瓶子已经被种上了植物，有些瓶子甚至已经被当成垃圾扔掉了。后来配送员通过与客户进行事前沟通，解决了这个问题。

4．营销宣传很重要

其实，“浙师大订奶”这个微信公众号是魏榕、余艾洁和李娜三个女生创建的，付晨洋是最后加入的。刚开始，三个女生为了吸引客户，为公众号编写了一段介绍，并美其名曰为“欢脱体”，内容是：“呵呵，浙师大订奶，配送到寝室~~~睡前一杯鲜奶，心不乱了，夜不寂了，再也不用靠YY入睡了！饿了啃杯酸奶，艾玛，招展的小蛮腰又回来了！本地奶，肯定鲜！欢迎调戏订购。”这样生动有趣的宣传语加上美女送奶上门的服务，何愁订单不来呢！

除此之外，作为广告专业的学生，宣传推广自己的微店对他们来说自然不在话下。经过认真的商讨与策划，他们制定出一套立体宣传方案，并立即投入行动，扫楼、贴传单、发单页……可是，辛苦之后的效果却并不如预期。此法不通，再寻他法。后来，他们决定在浙师大最繁华的地方摆摊，提供试吃活动（见图9-23），这一活动的效果非常明显，受到了同学们的热烈欢迎，订单纷至沓来。

图9-23　几个小伙伴摆地摊进行试吃活动

5. 不断开拓新客源

随着生意的不断红火，他们的“野心”也越来越大，除了主动与一家外地大型奶企联系并合作以外，他们还开始不断开拓客源，比如开发学校老师这个潜在客户群体。

老师和学生是两种客户群体，所以他们在营销策略上也做出了相应的变化。比如，有的老师订奶是为了送给同在浙大上班的丈夫或妻子，他们就会在这种牛奶里加上一张小卡片，写上几句温馨浪漫的话，即使这张卡片要另付费，但收到牛奶的人都心甘情愿为此买单。

另外，为了提高用户体验，他们开发了套餐服务，比如，周一至周五为老师提供牛奶搭售各种不同的小点心之类的特殊服务。

由于就业难的问题，许多大学生都开始选择自主创业，微店作为一种新兴的开店方式也越来越受大学生创业者的欢迎。“浙师大订奶”微店的成功案例值得学生群体学习和借鉴。

↗重庆“烧白哥”的微店营销经典案例

互联网的普及颠覆了很多传统行业的经营理念，快餐业就是其中一个。利用网络的便利，快餐商家可以让消费者足不出户就查看菜单并在网上下单支付，最后商家只需要提供外送服务即可，互联网快餐外卖的优势正在于此。这其中，有个重庆小伙子就充分利用了互联网的这一优势，把自己的快餐卖到了网上，并获得了不小的成功。

这个小伙名叫叶春城，他的快餐店有个很有特色的名字——“重庆烧白哥”。烧白是川渝地区一道具有乡土特色的川渝民间菜，也是他店里的招牌菜（见图 9-24）。

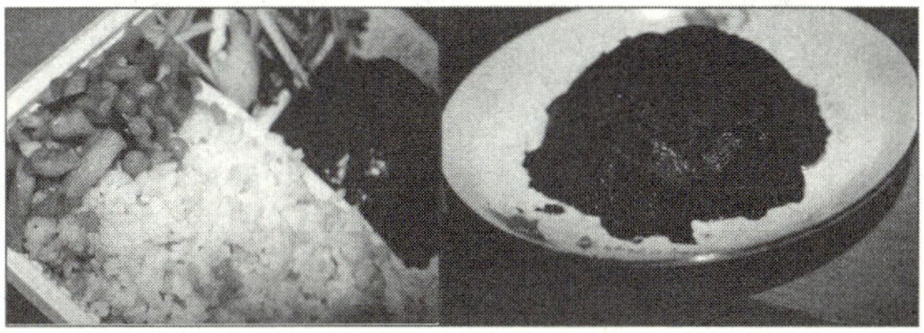

图 9-24　烧白饭

之所以选择经营网络快餐，叶春城有着自己的考虑。首先，如今在城市里，人们的生活节奏很快，平时工作忙，很少有时间亲自下厨，所以送餐上门的服务很受欢迎。其次，“宅男”“宅女”们越来越多，即使是周末，他们也会叫外卖，这也给快餐业带来了许多机会。另外，每当午餐时间，写字楼里就会涌出成千上万的白领，周围的快餐店很快就会因此爆满，有一些人要排很长时间的队才能吃上饭。

叶春城曾经也是一名白领，因此对这些情况十分熟悉。而且，程序员出身的他对互联网十分熟悉，如果能把快餐与互联网结合起来，那么一定可以受到广大白领以及万千“宅男”“宅女”的欢迎。就这样，叶春城确定了自己的创业方向。当然，他并没有因此彻底放弃实体店经营，而是采用了双管齐下的策略，只是把网络订餐定为主要的发展方向。

如今，每天上午 11 点，是叶春城一天中最忙的时候（见图 9-25）。他的订单大部分来自微博和微信，接到订单之后，他会立即转给厨房。如今，在微店、微博、微信的全程协助下，他的网络订餐生意越来越火爆。有时候，他的店一天会接到上百个订单，卖出去几千份快餐。

图 9-25　叶春城正在统计网上的快餐订单

这个年轻的“80 后”老板是怎样抓住了商机，把网上快餐经营得如此红火呢？下面我们就来仔细分析一下“重庆烧白哥”的成功之道。

1. 背靠互联网这棵大树好乘凉

2012 年辞职之后，叶春城便选择了在快餐行业开始创业。

作为一名程序员，叶春城对互联网十分熟悉，粉丝营销对他来说也并不陌生，于是他决定依托互联网来发展自己的快餐事业。确定发展方向之后，他便开始了行动，印传单、建立 QQ 群、开设微博账号。2012 年 4 月 19 日，他在微博上发送了第一条推广信息：“大家好，我是重庆烧白哥，我的英文名是 CQSB 哥。敬请期待，一个来自哥的烧白传说。”（见图 9-26）

图 9-26　叶春城在微博发送的第一条信息

发完传单一周后，他心情忐忑地为顾客精心准备了 30 份盒饭。没想到，第二天他一下子接到了 80 多个订餐电话。就这样，仅仅用了两个月时间，他就收回了前期成本 1.2 万元。面对日渐火爆的网络订餐生意，叶春城这样说：“我们的目标客户是白领，他们喜欢上网，我们快餐的信息基本都在微博、微信上宣传，每天的菜单、配送范围、销售进度都在网上及时更新，我们接受微博、微信订餐，并分享一些有意思的故事。与他们产生共鸣的同时也就有了人气，新顾客有 80% 左右都是通过微博、微信了解我们的。”

2. 靠“卖”故事积攒人气

众所周知，网络营销虽然能吸引大量粉丝关注，但想要留住粉丝却并不容易。对此，叶春城也深有同感：“如果只在微博上发菜单、谈吃的，不过三天，一半粉丝就流失了。”为了留住粉丝，他每天都会花时间和精力与粉丝互动。他经常在微博里写一些自己的创业故事，也会发表一些用网络语言编制的段子，还会跟粉丝们谈人生感悟，分享人生经验和智慧。在他的粉丝中，有相当一部分不仅仅是烧白饭的忠实顾客，也是他的微博“铁粉”。其中一位名叫“小米木有米米”的粉丝这样说：“烧白哥的微博很朴实、很生活，除了吃烧白，看烧白哥刷微博也是一大乐趣。”有时候，他的一个简单的分享，也会引来数十条粉丝的评论（见图 9-27）。同时，他还把与粉丝的互动从线上搬到了线下的实体店里，在那里经常与粉丝进行交流、聚会，并定期邀请他们到实体店来进行消费体验。

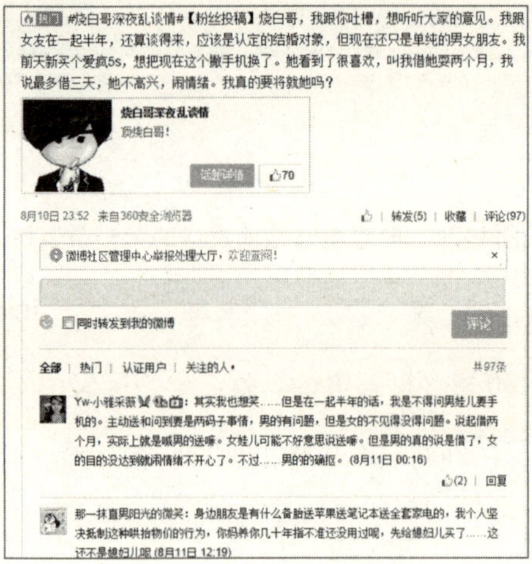

图 9-27　分享粉丝的故事

随着烧白饭的生意越来越红火，叶春城逐渐扩大了店铺的经营范围，从烧白盒饭扩展到包子和火锅（见图 9-28），但唯独一点没变：依然鼓励微博、微信订餐和分享。凡是通过微博、微信订餐的顾客，或者顾客在微信、微博分享就餐经历，均可享受一定的优惠，比如打折、赠送饮料或代金券等。叶春城对此有自己的想法，不管是通过微博还是微信分享就餐经历，都是在帮助他和他的店铺增加曝光率，所以理应得到鼓励，因为增加曝光率就意味着有更多

图 9-28　“重庆烧白哥”火锅

的人关注他的店铺。

3．网上卖快餐的挑战更大

虽然网络营销给叶春城带来了回报，但同时也让他经受了诸多挑战。有一次，一位顾客在菜里吃到了一根头发，便拍了一张照片发到了微博上，迅速引起许多网友的关注和转发，一时间引起了不小的轰动。事后，叶春城对此发出了这样的感慨：“网络营销是一把双刃剑，做得好可以把我捧起来；如果做得不好，也能在一夜之间把我踩下去。网络营销，对经营者来说挑战更大。”从那之后，叶春城开始致力于不断提升快餐的标准化水平，在质量、卫生和服务三个方面不断进行提升。

总结起来，“重庆烧白哥”的运作理念主要有三条：第一，产品介绍诱人、勾人食欲，看起来很卫生；第二，与粉丝多互动、多沟通；第三，注重情感交流，态度真诚、质朴。他的宣传和营销主要是通过微博、微信进行的，利用口碑传播带动销量。这样的成功是可以复制的，只要你掌握了这些方法，你也可以像叶春城一样成功。

↗WIS护肤品微店营销成功案例

虽然微店的发展势头十分迅猛，但还是有许多移动电商对其效果提出了一些质疑。在这些移动电商看来，微店的营销效果根本不能与淘宝网相提并论，这是因为淘宝网既是流量中心，也是流量分配器，商家通过各种营销手段及采购广告资源，就可以将流量引到自己的淘宝店铺中，然后就可以产生销售订单。但是微信并不具备流量分配能力，更谈不上采购流量，所以做店铺营销是非常困难的。

从淘宝网营销转到微店营销真的无法实现吗？其实不然，在这里就给大家分享一个成功从淘宝网营销转战到微信营销的成功案例——WIS（微希）护肤微店（见图 9-29）。

WIS 成立于 2010 年，其定位是“为年轻而生，以拯救年轻肌肤为己任”（见图 9-30）。虽然出身草根，但经过几年的发展，WIS 已经成为国内最热销的护肤品牌之一。WIS 主要为年轻人解决痘痘、黑头、毛孔粗大等常见皮肤问题，为广大消费者提供了全面又安全的解决方案。

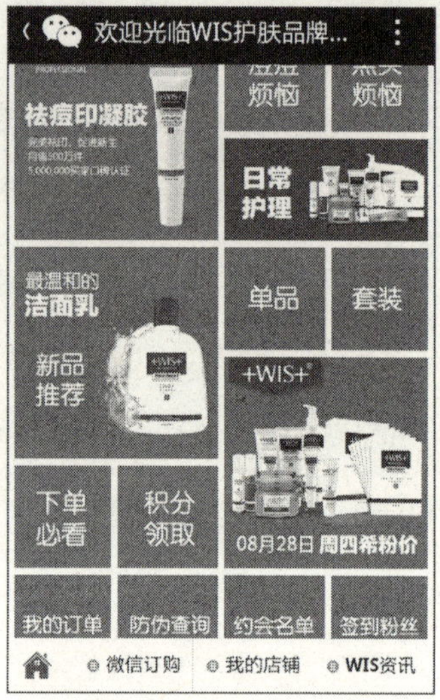

图 9-29　WIS 微店主页面

图 9-30　WIS 护肤品牌的定位

最初，WIS 在淘宝网运营，效果非常好。微信和微店兴起后，WIS 开始转战其中，同样取得了巨大的成功。那么，WIS 是怎样一步步从淘宝网营销成功转到微店营销的呢？下面我们就来详细地分析一下它的发展历程和成功要诀。

1．通过微博吸引大量粉丝

创建之初，WIS 主要依靠淘宝店铺来进行销售。为了提高销量，WIS 淘宝店铺一直在苦寻有效的营销方案，也曾尝试过各种方法，比如开通淘宝直通车、通过其他网站引流等，但效果都不理想。后来，WIS 开始尝试运营新浪微博，试图利用名人微博效应来使企业微博获得消费者的关注，让更多的人了解它。经过不断的努力和实践，WIS 获得了很大的成功，成为了微博里的一个草根明星。截至 2014 年 10 月，WIS 已拥有 350 多万粉丝（见图 9-31）。

在获得粉丝关注的同时，WIS 也十分重视与粉丝的互动，经常会选择一些极具话题性的主题，吸引大量的粉丝参与其中，互动的效果非常理想（见图 9-32）。其中一个名为“小希爱八卦”的话题尤其吸引粉丝的关注，有时候一条信息就可以带来上千条评论和转发（见图 9-33）。

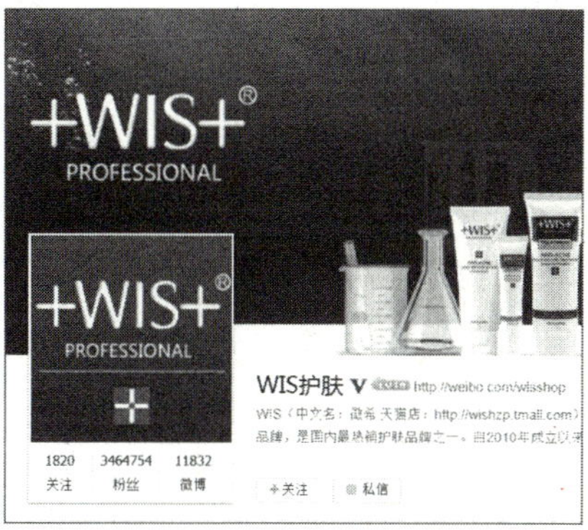

图 9-31　WIS 的新浪微博

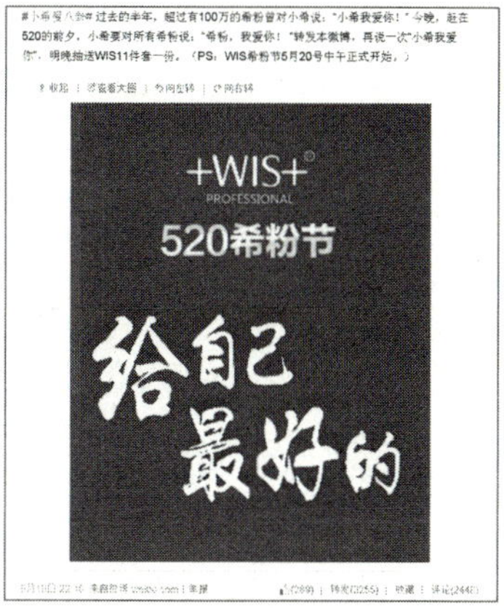

图 9-32　WIS 通过微博与粉丝互动

图 9-33　WIS 微博的话题营销

2．从微博转战微信

就在 WIS 的微博做得风生水起的时候，公司的运营策略发生了转变，公司决定从微博转战微信。许多人对此表示不理解，为什么要放弃一个已经很好的平台而去运营一个并不熟悉的平台呢？对于这个问题，WIS 的运营总监郭先生是这样回答的："现在玩微信的人越来越多，大家在上面所花的时间也是越来越多，微信渐渐成为了主流的社交工具，大有赶超微博的势头。作为商家，我们很有必要在这样的主流社交平台上建立一个我们自己的店，来维系品牌与客户间的沟通。"

可是，微信的系统相对封闭，一般来说很难从其他渠道吸引粉丝来关注微信。WIS 又是怎样把粉丝从微博引到微信上来的呢？

首先，WIS 在微博发布了一条信息："凡是在微信'WIS 签到台'（见图 9-34）签到的顾客即可获得积分奖励（见图 9-35），签到获得的积分可兑换 WIS 店铺的实物奖品、优惠券、会员等级奖励等各种福利。"同时，WIS 每月还会选出三位签到最勤的粉丝，粉丝将会获得 WIS 三件套一份。其次，WIS 会定期开展各种优惠活动，比如每周四中午 12 点都有秒杀活动（见图 9-36 和图 9-37）等，以此吸引大量的粉丝关注，从而达到提高店铺人气的目的。最后，WIS 还会通过开展一系列优惠活动来吸引粉丝。就这样，微博上的粉丝几乎都被吸引到微信上来了。总之，WIS 微店的粉丝，大都是以服务号的形式转过来的，并通过签到的方式大大提高了微信的活跃度（见图 9-38）。

有了这样庞大的粉丝群体，WIS 随即在口袋通平台注册了微店，只要顾客使用微信扫码即可进入店铺（见图 9-39），随时随地都可购买产品。另外，WIS 还会通过微信与顾客分享信息，同时还鼓励顾客将 WIS 产品的相关信息分享给亲朋好友或者发到朋友圈。同时，WIS 还会通过微信开展各种活动，大力发展潜在顾客，并积极地将他们培养成自己的忠实顾客。

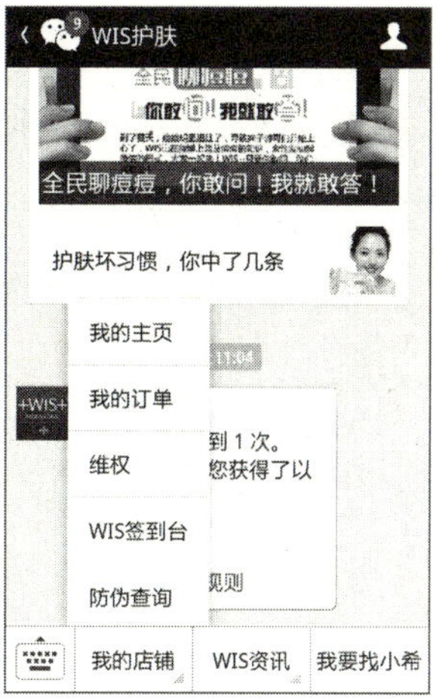

图 9-34 微信上的“WIS 签到台”

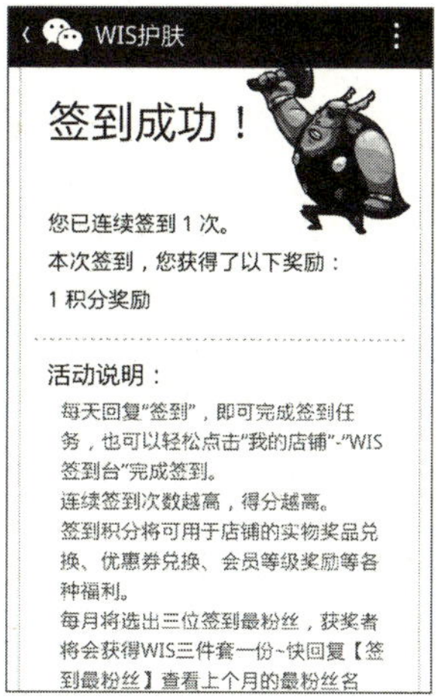

图 9-35 签到获得积分奖励

图 9-36 WIS 推出的微信秒杀专场活动

图 9-37 周四 12 点的商品秒杀活动

图 9-38 WIS 微店的签到转换率

图 9-39 使用微信扫码即可进入店铺

3．建立强大的运营团队

WIS的微信服务号运营不久便获得了几十万的粉丝，这充分体现了其运营团队的实力。或许有人认为其运营队伍一定很庞大，其实并非如此，WIS微信运营团队只有三个人：一人负责回复私信，充当客服人员；一人负责处理订单、提供售后服务并兼顾其他平台的工作；一人负责运营与内容维护。

目前，WIS品牌已采用全平台营销策略，不仅开通了淘宝店、微博、天猫店和京东店（见图9-40），还开通了微店。尽管之前WIS一直将销售重点放在淘宝网上，但随着微店的发展，相信在不久的将来，WIS一定会借助粉丝的力量，让微店大放异彩。

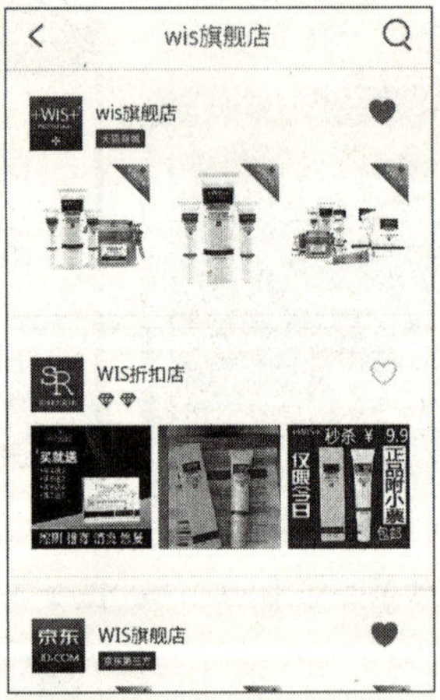

图9-40　天猫店和京东店

4．设定“医生”角色，为顾客排忧解难

WIS护肤品的定位是“为年轻人解决皮肤问题”，从这个角度来说，WIS就比其他护肤品牌站在了更高的一个层面上。既然是为顾客解决皮肤问题，那么设定一个“医生”的角色来为顾客解答一些皮肤护理方面的问题就自然显得更专业，也更有说服力。WIS就是这样做的，而且做得很成功，不仅提高了粉丝

的忠诚度，同时使营销效果实现了最大化。

可以这样说，WIS 的微店营销是从淘宝网营销转到微店营销最成功的案例之一。通过上面的分析，我们已经大概了解了它是怎样在没有流量的情况下，通过自己的努力将微博粉丝转移到了微信上，同时又是怎样通过各种营销方式提高了粉丝的关注度。WIS 的成功经历，值得每一位微店主店学习、借鉴。

第十章

量化与评估：你的微店到底赚不赚钱

在运营微店的过程中，每天都会产生各种各样不同的数据，包括销售量、客流量以及成交金额等。这些看似毫无关联的数据，其实都是相互关联且遵循一定规律的。通过对这些数据的统计，不仅可以评估你的微店是否赚钱，更重要的是，你可以利用这些数据不断改善经营策略，让你的微店得到更好的发展。

↗巧用微店数据统计

马云曾说："我们还没搞懂 PC 互联网的时候，移动互联网来了。我们还没搞清移动互联网的时候，大数据来了。"无论你是否了解大数据的真正内涵，不可否认的是，它已经来到我们身边，并且开始影响我们的生活和工作的方方面面。

作为中国互联网企业的先驱，中国最大的电子商务公司阿里巴巴总是率先感知着互联网发生的一些或重大或细小的变化。面对大数据时代的到来，阿里巴巴同样站在了潮头。

面对淘宝网上每天海量的消费者，想要更好地做好消费者管理，使用大数据是一个必然的选择。一般来说，顾客在淘宝网上完成交易之后，随后产生的一系列数据，包括交易时间、商品价格、购买数量、消费者地址、消费者联系方式等基本信息都会被自动记录下来。更重要的是，这些信息还可以与买方和卖方的年龄、性别、地址、兴趣爱好等个人特征信息相匹配。线下的各大销售商无法做到这一点，但互联网时代的淘宝网却做到了。有了这些数据，不仅可以帮助商家更好地管理客户信息，同时也为消费者购物带来了许多便利。

在阿里巴巴利用大数据技术推出的相关功能中，淘宝数据魔方和阿里信用贷款是其中两个运行效果不错的大数据应用方案。通过淘宝数据魔方，商家可以很轻松地了解淘宝网上的行业、品牌市场以及消费者行为等情况，从而作出更准确、合理的商品生产和库存决策，消费者也能以更优惠的价格买到心仪的商品。阿里信用贷款则是指阿里巴巴通过掌握企业的交易数据，根据自动分析技术来判定是否给予企业贷款以及贷款的数额大小等。这种方式既节约了人力成本，同时也比人工的分析更加精确，也更科学。

随着大数据相关技术的不断发展和完善，其普及程度和应用范围必然会大大扩展。可以毫不夸张地说，在互联网经济盛行的当下，无论是大型企业还是中小型企业，或者是小微企业，想要提高自己的核心竞争力，都离不开大数据的支撑和帮助。微店作为新兴的互联网小微经济体，自然也不例外。

那么，微店的数据都是从哪里得来的，店主们又该如何利用这些数据来评估微店到底赚不赚钱呢？首先，我们来讲一讲微店相关数据来源的问题（见图 10-1）。

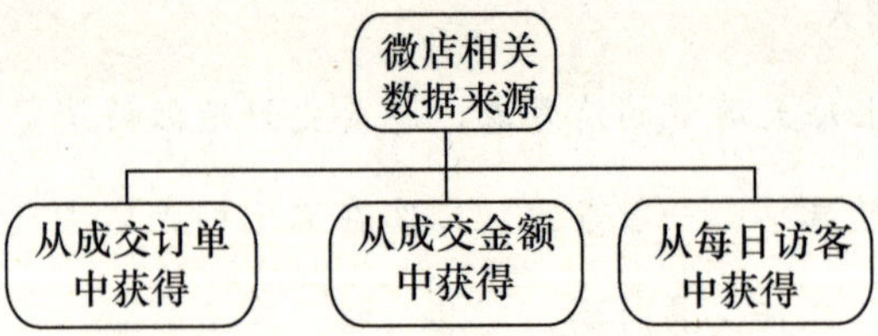

图 10-1　微店相关数据来源

（1）从成交订单中获得。在微店销售管理的“成交订单”功能中，店主可以清晰地看到店铺每天订单情况以及每月成交订单情况（见图 10-2），定期、不定期的增加或减少情况在曲线图中一目了然，点击相关的时间结点就可以查阅相关数据。

（2）从成交金额中获得。利用微店销售管理中的“成交金额”功能，店主可以准确地知道店铺每天的销售金额（见图 10-3）。通过这些交易曲线，店主不仅可以掌握店铺的日销售及月销售情况，还可以根据曲线的高低了解每一天的销售金额。

图 10-2　成交订单

图 10-3　成交金额

（3）从每日访客中获得。店主除了要掌握店铺的订单成交量以及销售数额等数据外，还必须掌握店铺的每日客流量，这一数据可以从微店平台提供的“每日访客”功能中轻松获得（见图 10-4）。

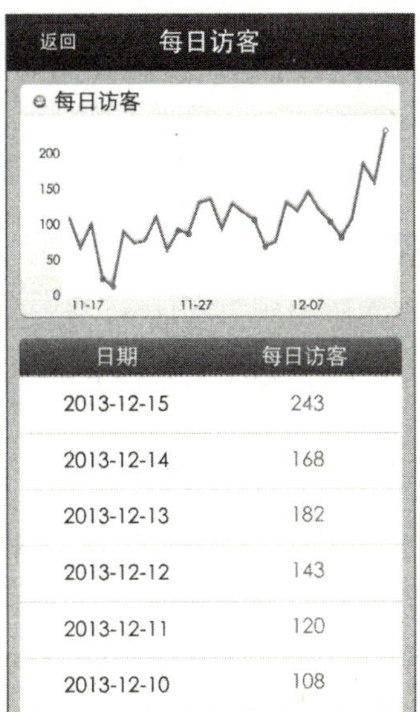

图 10-4　每日访客

了解了微店相关数据的获得途径之后，接下来我们再来讲一讲店主们该如何利用这些数据来评估自己的店铺到底赚不赚钱（见图 10-5）。

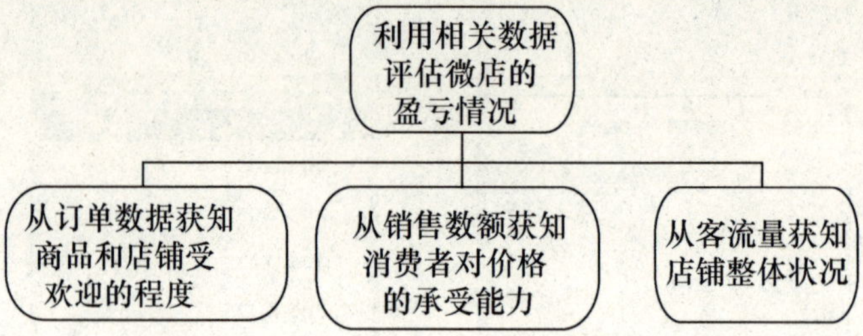

图 10-5　利用相关数据评估微店的盈亏情况

（1）从订单数据获知商品和店铺受欢迎的程度。一般来说，商品销售量持续增高的最主要原因就是商品的质量上乘、价格实惠。随着越来越多消费者认可该商品，商品的品牌和口碑自然会树立起来，随之而来的便是店铺销量的持续增长。因此，从某一商品的订单数量可以很直观地判断商品的受欢迎程度。

如果店铺的订单数量较多，则说明店铺信誉度很高，口碑营销效果明显，即店铺受欢迎程度很高，这正是微店持续发展的重要基础。

（2）从销售数额获知消费者对价格的承受能力。就单品而言，商品的价格在某种程度上决定了其销售量的多少，而从这一数据可以看出消费者对商品价格的承受范围。也就是说，如果销量不高，那么说明消费者可能觉得该商品价格偏高，相反，如果商品销量较高，则说明该商品价格在合理范围内。根据这一数据，店主可以随时对商品价格进行相应调整，使之符合更多消费者的承受能力。

（3）从客流量获知店铺整体状况。虽然客流量并不能直接反映店铺的销售情况，但有一点是可以肯定的：有客流量才能有销量。如果没客流量或客流量偏低，那么销量自然也上不去。同时，客流量的多少还可以反映出店铺在整体设计、上架商品的受关注和受欢迎的程度。另外，从客流量的转化率也可以看出有多少客流变成了真正的顾客，以及那些没有下单的访客没有下单的原因在哪里。搞清楚这些问题，可以帮助店主有针对性地解决店铺存在的相关问题。

总之，通过顾客对店铺或商品的浏览次数、收藏店铺数量、购买商品的价格等数据，店主可以很精准地分析出顾客购买商品的类型以及对商品价格的承受能力。接下来，如果有相关商品优惠活动，便可及时并有针对性地向顾客推送，促进顾客购买，提升店铺销售量。更重要的是，店家还能知道哪种类型的商品更受顾客喜爱以及自己店铺的受欢迎程度，以便及时改变自己的营销策略和商品。

↗消息实时管理：帮你检测微店营销的成果

微店与实体店不同，店主无法观察店铺的一些基本情况，比如客流量、顾客的年龄段、顾客的喜好以及顾客的群体特性等。但了解这些情况对于店主来说是十分必要的，因为它们可以为店主提供许多可参考的数据，以便改善店铺的不足。作为微店店主，你一定也想像实体店店主一样，可以实时观察店铺中的所有情况。不要急，只要你借助微信公众平台，做好消息实时管理，这一切都可以实现。

下面，我们就为广大微店店主们详细介绍一下如何借助微信公众平台做好实时消息管理以及群发的注意事项，帮助大家更好地管理店铺。

如果你已注册了微信公众号，那么可以直接登录微信公众平台，进入平台的首页（见图 10-6）。如果你还没有注册微信公众号，那么可直接到微信公共平台官网（https：//mp.weixin.qq.com/）注册。

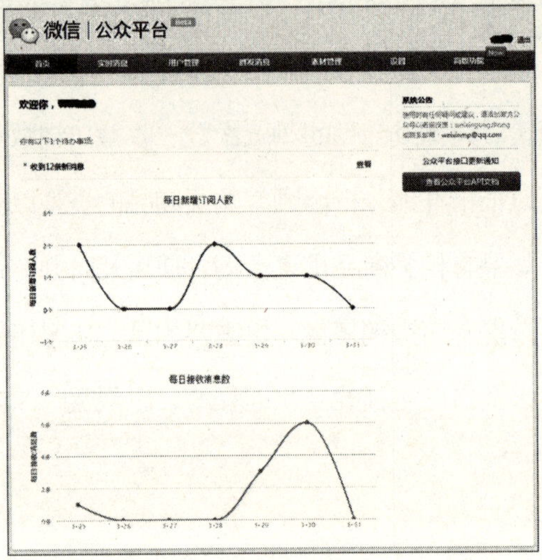

图 10-6　微信公众号平台首页

在平台首页，你可以很直接地了解店铺的相关情况，包括每日新增订阅人数和每日接收消息数。具体来说，通过蓝色曲线图，你可以查看店铺近一周内每日新增用户订阅数或者取消订阅数量。如果想具体了解某天的实际情况，直接单击蓝色曲线图上的蓝点即可。而通过绿色曲线图，你可以查看店铺近一周内每日接收信息的数量。千万不可小看这些曲线图，通过它们可以轻松地掌握店铺新增人数以及接收消息数量，让你做到心中有数。

另外，在平台首页的右侧还可以看到系统的最新公告、微信新增的某些功能以及一些重要通知等。你一定要随时关注公告，否则很可能会错过一些好时机，进而影响到微店的营销计划。

当然，微信公众平台最重要的功能是实时消息管理，它将直接反映你公众账号的活跃度以及微店的营销效果。从实时消息栏里，你可以了解到“今天”“昨天”“前天”以及“5 天以内”的用户反馈信息，另外还有“星标信息”（见图 10-7）。

当然，如果你想了解更多的消息，通过修改页面网址链接即可实现。比如，你想了解 15 天以内的消息，那么可以单击“今天”“昨天”“前天”或“5 天以内消息”中的一个，将出现的网址最后一个“day=1”数值修改为“day=15”即可。

实时消息页面还有一项“消息搜索框”功能，你可以通过关键词来查找相关信息。比如，你可以通过这项功能较好地区分出哪些是用户查询的消息，哪些是用户想与店家互动的信息等。这个功能可以让你很方便地管理用户信息、做好信息过滤，进而更有针对性地回复用户提出的问题。

同时，用户消息还会显示用户头像和用户名，右边会有相关操作，包括“保存为素材”“下载素材”“对此条消息标星”以及“快速回复”（见图 10-7，小方框为“保存为素材”，向下箭头为“下载素材”，星号为“对此条消息标星”，返回箭头为“快速回复”），你可以根据自己需要选择。一般来说，只要单击一下人物头像或者名称，就可以查看该用户的最近消息，若想查看更多信息，可修改当前网址中的“count=？”，将问号改为你想查看该用户最近信息的数量。另外，为了方便识别用户，你也可以修改用户的昵称。

图 10-7　实时消息页面

通过“保存为素材”功能，店主可以将用户发过来的消息（包括视频、图片、语音等）保存起来。若店家想将录制好的视频、音频、图片等素材上传至公众平台上，只需用手机准备好这些素材，然后通过普通账号发送到公众平台账号即可。

另外，你可以通过“对此条信息标星”功能把一些重要或者有趣的用户信息收藏起来，然后通过“快速回复”功能直接回复用户。除此之外，你还可以直接单击“用户姓名”，与该用户进行一对一的沟通（见图 10-8）。

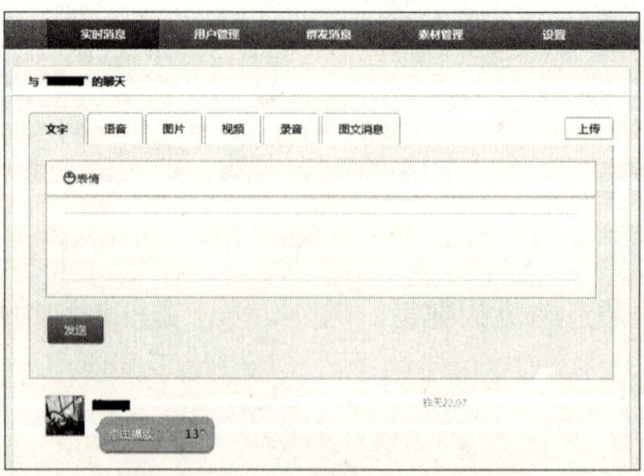

图 10-8　与用户进行一对一的沟通

通过上面的介绍，相信你已经基本掌握了微信公众平台的消息实时管理的相关功能，至于具体的实际操作，还需要自己去实践。总之，做好微信公众平台的消息实时管理，不仅可以检测你的微店的营销成果，更重要的是，你在这个过程中可以发现营销计划中的不足，并及时加以改善，使微店的营销计划得以顺利进行。

↗微店营销效果评估要素

说到微店营销效果的评估问题，店主首先要确定的是微店营销的目的是什么，是为了增加微店的曝光率，还是为了推广商品。只有先确定营销的目的，才能做出最客观的评判。那么，怎样才能判断一个微店是赚钱还是亏本，又需要从哪些方面评估一家微店的营销效果呢？一般来说，微店营销效果评估要素包含如图 10-9 所示的五个方面。

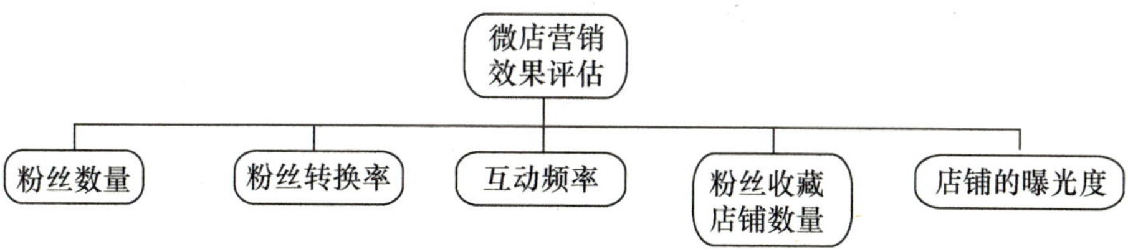

图 10-9 微店营销效果评估要素

1. 粉丝数量

微博营销领域曾流传着这样一句话：“一切以粉丝数量为指标的行为都是耍流氓”。这句话虽然带有调侃意味，但其中的道理却很实在。这一道理放在微店营销中也同样适用，作为一名微店店主，如果你只是一味地追求粉丝的数量，那么微店营销的方向就错了。换句话说，粉丝数量众多固然是好事，店主可以从中了解自己店铺的传播广泛程度、粉丝的信任度等，但对于微店营销来说，更重要的不是粉丝的数量，而是能够真正转化为顾客的粉丝的数量，这才是评估微店营销效果最有效的数据。

2．粉丝转换率

粉丝转换率是店主进行营销活动时需要重点关注的指标。众所周知，微店是依靠朋友圈发家的，毕竟是熟人卖货，值得信赖，所以粉丝的转化率自然很高。不过，朋友圈的人数毕竟有限，如果只在其中推广，局限是很明显的。这就需要店主加大推广能力，让更多的人认识自己。另外，仅从店铺知名度以及店铺商品页面访问量是无法看出粉丝转化率的，必须从每日访客数量、每日成交订单数量等情况入手，才能看到实际效果。

3．互动频率

微店的互动频率是指店主与粉丝进行互动的频率。对于店主来说，与粉丝互动，可以增加与粉丝之间的信任和感情，这样一来，即使其他竞争对手运用多种营销手段也无法动摇粉丝的心（见图10-10）。一般来说，店主与粉丝互动的频率越高，粉丝对店家的信任度就会越高，黏性也会越强，粉丝对店铺所售产品的认可度也会更高。

4．粉丝收藏店铺数量

从粉丝收藏店铺的数量（见图10-11）就可以直接看出你店铺到底有多少粉丝喜欢，这是体现微店营销效果最直观的数据之一。当然，如果想让粉丝对你的店铺感兴趣，就要从店铺设计、商品上架等多方面入手。

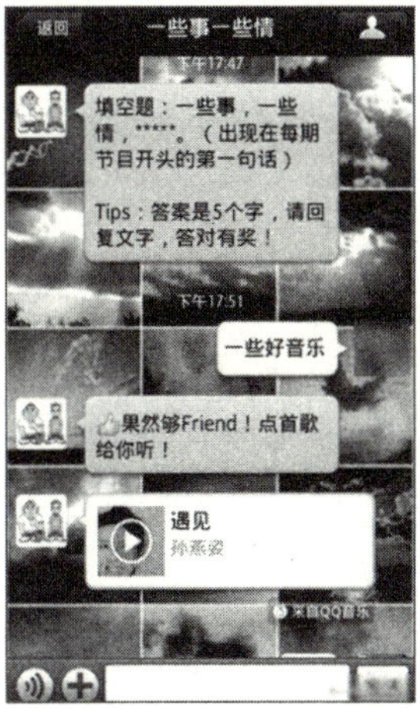

图 10-10　店主与粉丝互动

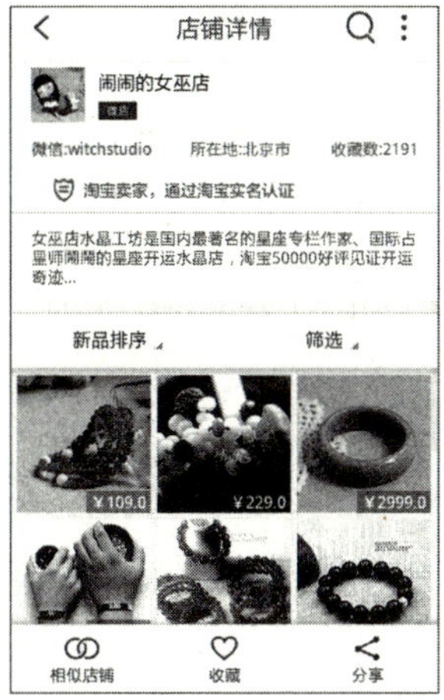

图 10-11　“闹闹的女巫”微店收藏数量

5．店铺的曝光度

一般来说，店铺曝光度越高，受到粉丝的关注程度也就越高，当粉丝积累到一定程度时，店主就更容易从中找到自己的目标客户群体。所以，店主一定要积极利用微信、微博等社交平台去推广自己的微店，增加店铺的曝光度，这样才能让更多的人知道你的微店，也才能引导更多的粉丝转化成忠实的顾客。

以上几点就是微店营销效果评估要素，根据这几点，你可以对自己微店的营销效果进行初步的评估了，赚钱与否一目了然。没有不赚钱的店，只有不会营销的人。只要你掌握了微店营销效果评估的方法并能学以致用，就等于拿到了开启成功微店的金钥匙。

↗微店运营能力评估标准

微店开张后，对于微店的运营，很多店主都是摸着石头过河。在这个过程中，难免会遭遇一些失败，但同时也会获得一些成功，经验就是在这种成败交替中不断累积起来的。通过不断的尝试，就能逐步建立一套适合自己微店的经营策略。

尽管微店运营的道理是相通的，每一位店主也肯定都把经营好自己的店铺作为首要任务，但是不同微店的运营效果却存在着很大的差别。有的人把微店运营得风生水起，无论是客流量、销售量还是店铺口碑都呈逐渐上升趋势；而有的人却把微店经营得很惨淡，甚至最后关门大吉。

为什么同样做微店，有的人做得如鱼得水，有的人却寸步难行呢？归根结底是因为不同的运营方法导致了不同结果。一般来说，当微店无法运营下去的时候，说明问题已经积累到了一定程度。其实，在微店运营的每个阶段都有可能出现小问题，如果能够及时从一些相关的指标或数据中发现这些问题并尽快解决，就可以在很大程度上避免微店陷入无法经营下去的境况。那么，在实际的微店运营过程中，店主该依靠哪些标准对自己的微店运营能力进行评估呢？图 10-12 列出了常用的三个评估标准。

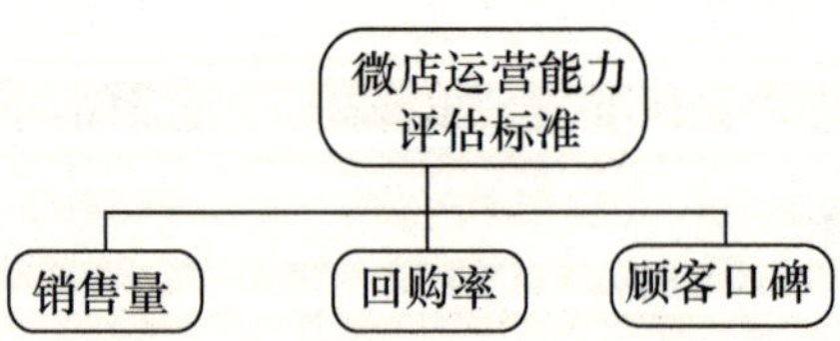

图 10-12　微店运营能力评估标准

1. 销售量

一般来说，销售量不但能反映出店铺的销售情况（见图 10-13），还将直接影响店主所获利润的多少，更重要的是，它能够直接显示出店主运营微店能力的强弱。所以，当你发现店铺的销售额呈下降趋势时，一定要及时寻找原因并尽快予以解决，这样才不会让小问题变成难以解决的大问题，最终影响店铺的整体运营。

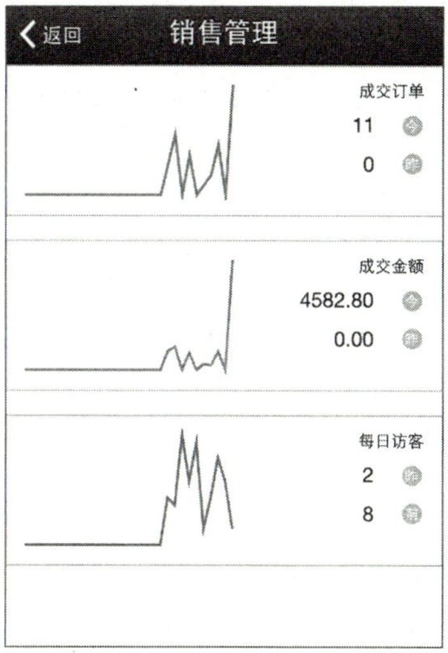

图 10-13　店铺的销售情况

2．回购率

许多微店店主都认为应该把更多的时间和精力投入到开发新顾客上，对老顾客则不用太费心思，这种认识是错误的。经营好老顾客，才会提升回购率，从而提升店铺销量。因此，回购率也是反映店主运营能力的重要指标之一。

3. 顾客口碑

店铺口碑的好坏是影响客流量和销售量的重要指标之一，如果店主能够用心为每一位顾客做好服务，那么就会让顾客获得良好的购物体验，从而获得良好的顾客口碑，店铺的口碑也会随之而来。有了口碑，自然不用再发愁客流量和销量，所以顾客口碑也是衡量店主运营能力的重要指标之一。

以上几点就是微店运营能力评估标准，根据这几点，你可以对自己的微店运营能力进行初步的评估。当然，评估不是目的，目的是从这些评估结果中找出运营中出现的问题并及时解决，这样才能摸索出一条真正适合自己微店运营之路。

《日接100单：手把手教你开家火爆的微店》

编读互动信息卡

亲爱的读者：

感谢您购买本书。只要您以以下三种方式之一成为普华公司的**会员**，即可免费获得普华每月新书信息快递，在线订购图书或向我们邮购图书时可获得免付图书邮寄费的优惠：①详细填写本卡并以**传真（复印有效）或邮寄**返回给我们；②**登录普华公司官网注册成为普华会员**；③关注微博：@普华文化（新浪微博）。会员单笔订购金额满300元，可免费获赠普华当月新书一本。

哪些因素促使您购买本书（可多选）

○本书摆放在书店显著位置	○封面推荐	○书名
○作者及出版社	○封面设计及版式	○媒体书评
○前言	○内容	○价格

○其他（　　　　　　　　　　　　）

您最近三个月购买的其他经济管理类图书有

1.《　　　　　　》　　2.《　　　　　　》

3.《　　　　　　》　　4.《　　　　　　》

您还希望我们提供的服务有

1. 作者讲座或培训　　2. 附赠光盘

3. 新书信息　　4. 其他（　　　　　　）

请附阁下资料，便于我们向您提供图书信息

姓　名	联系电话	职　务
电子邮箱	工作单位	
地　址		

地　　址：北京市丰台区成寿寺路11号邮电出版大厦1108室　北京普华文化发展有限公司（100164）

传　　真：010-81055644

读者热线：010-81055656

编辑邮箱：chenhong@puhuabook.cn

投稿邮箱：puhua111@126.com，或请登录普华官网“作者投稿专区”。

投稿热线：010-81055633

购书电话：010-81055656

媒体及活动联系电话：010-81055656　　邮件地址：hanjuan@puhuabook.cn

普华官网：http://www.puhuabook.cn

博　　客：http://blog.sina.com.cn/u/1812635437

新浪微博：@普华文化（关注微博，免费订阅普华每月新书信息速递）